당신의 사업을
응원합니다.

당신의 지갑도 숲으로 채워나가길
제 전 드림

비겁한돈

• 일러두기

　이 책은 황현희, 제갈현열의 공저이지만 독자들께 친근하게 다가가고자 황현희의 일인칭 시점으로
　이야기를 풀었습니다.

비겁한 돈

초판 1쇄 발행 2021년 11월 8일
초판 8쇄 발행 2024년 1월 9일

지은이 황현희, 제갈현열

펴낸이 조기흠
총괄 이수동 / **책임편집** 임지선 / **기획편집** 박의성, 최진, 유지윤, 이지은, 김혜성, 박소현, 전세정
마케팅 박태규, 홍태형, 임은희, 김예인, 김선영 / **제작** 박성우, 김정우 / **디자인** 필요한 디자인

펴낸곳 한빛비즈(주) / **주소** 서울시 서대문구 연희로2길 62 4층
전화 02-325-5506 / **팩스** 02-326-1566
등록 2008년 1월 14일 제25100-2017-000062호

ISBN 979-11-5784-544-6 03320

이 책에 대한 의견이나 오탈자 및 잘못된 내용에 대한 수정 정보는 한빛비즈의 홈페이지나
이메일(hanbitbiz@hanbit.co.kr)로 알려주십시오. 잘못된 책은 구입하신 서점에서 교환해드립니다.
책값은 뒤표지에 표시되어 있습니다.

⌂ hanbitbiz.com facebook.com/hanbitbiz post.naver.com/hanbit_biz
youtube.com/한빛비즈 instagram.com/hanbitbiz

지금 하지 않으면 할 수 없는 일이 있습니다.
책으로 펴내고 싶은 아이디어나 원고를 메일(hanbitbiz@hanbit.co.kr)로 보내주세요.
한빛비즈는 여러분의 소중한 경험과 지식을 기다리고 있습니다.

결국 용기 있는 기회주의자가
부를 얻는다

비겁한 돈

황현희, 제갈현열 지음

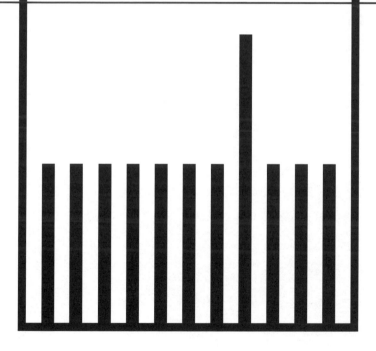

ᴴᴮ 한빛비즈
Hanbit Biz, Inc.

시작하는 말

돈의 속성은 한 번도 변한 적이 없었다.
모든 투자의 돈은 오직 한 방향으로 움직인다.
오늘 투자를 시작한 사람의 돈은
어제 투자를 준비한 사람의 지갑으로 흘러간다.

투자물이나 뉴스를 보는 안목이 중요한 게 아니다.
자신에게 투자를 위한 '어제'가 있었느냐가 중요하다.

성공한 모든 투자자들에게는 '어제'가 있었다.
반면 세상은 성공한 투자자들의 '오늘'만을 보여준다.

성공한 자의 오늘을 본 사람들은 조급해진다.
지금 기회를 놓칠까 봐, 자신이 함께하지 못할까 봐,
그들의 '오늘'을 내가 가질 수 없을까 봐.

바로 이 오늘의 저주에서 벗어나야 한다.

이제 투자를 시작하는 사람이라면

오늘을 좇을 것이 아니라

내일을 위해

오늘을 준비된 '어제'로 만들어야 한다.

이 책은 당신을 위해 쓰인

'투자를 위한 어제'에 관한 이야기다.

이 책이 세 번째
비웃음이 되길
희망하며

난 살면서 주변 사람들에게 지금까지 두 번의 큰 비웃음을 받아봤다. 개그맨이 되겠다고 했을 때가 그 첫 번째다. 나 역시도 처음엔 왜 개그맨이 됐는지 스스로 이해되지 않을 때가 있었다. 나는 전혀 웃긴 사람도 아니었고, 뭔가 특출한 재주가 있는 것도 아니었다. 내가 개그맨이 되겠다고 했을 때 친구들이 "네가 한 말 중에 제일 웃겼다"라고 했을 정도니 더 말해 무엇하랴.

나는 평상시에도 꽤나 진지한 사람이다. 그동안 했던 개그도 정장을 입고 앉아서 하거나, 마찬가지로 정장을 입고 일어나서 했다. 신문을 볼 때도 연예면보다는 시사경제면을 더 좋아한다. 남에게 피해를 주는 것도 싫어하고 피해를 받는 것은 더 싫어해 단체생

활도 잘 못 한다. 지금 생각해보면 팀플레이가 주를 이루는 개그맨 생활에서 요구되는 것들과는 정반대의 모습들만 갖추고 있었다.

보통 이런 성격을 가진 사람이라면 이 직업을 꿈꾸지도 않았겠지만, 나는 내가 개그맨이 될 수밖에 없는 이유에 대해 학업을 쉬면서까지 고민했다. 그리고 오랜 시간 스스로에게 계속해서 질문했다. 그 결과 내가 개그맨으로 성공할 수도 있겠다는 결론을 얻었다. 그 확신을 바탕으로 도전하면서 내가 개그로 성공할 수 있는, 한마디로 얘기하자면 '비겁한' 지점을 찾았다.

결국 나는 남들의 비웃음을 나의 큰 웃음으로 바꿔냈다.

10년이 넘게 롱런하는 듯했다. 이 흐름이 지속될 줄 알았지만, 세상 어디에도 영원한 건 없었다. 어느 정도 얼굴을 알리며 순탄한 생활을 이어가던 중, 이곳 역시 쇠퇴기가 존재한다는 것을 깨달았다. 20대, 30대, 인생의 황금과 같은 시기에 모든 것을 불태우며 청춘을 보낸 뒤, 내게 남은 것은 허탈함이었다. 어찌 보면 당연했다. 하나의 프로그램이, 하나의 코미디 트렌드가 20년을 넘는 세월 동안 유지된 것도 대단한 일이었다. 그저 내가 좋은 시기를 함께할 수 있었음에 감사하며, 달라진 현실을 받아들여야 했다.

나는 결국 실업자 신세가 됐다. 다시 오랜 휴식시간을 가졌고, 생각할 시간이 많아지면서 개그맨이 되기 전처럼 다시 나에게 끊임없이 질문을 던지기 시작했다. 그 결과, 인생에서 두 번째로 하고 싶은 일이 생겼다. 다른 개그맨들의 선택지인 예능 출연이나 유튜버가 아니었다.

내가 하고 싶은 것은 바로
경제적 자유를 누릴 수 있는 '투자'였다.

이것은 바로 내 주변 사람들의 두 번째 비웃음을 샀다. 방송에 나와서 매번 투자해서 망했다고 말하는 직군이 방송인인지라, 그 비웃음도 이해가 갔다. 하려면 제대로 해야겠다는 생각에 무작정 시험을 봐 경제대학원에 들어갔다.

그렇게 경제 공부를 시작했지만, 막상 해보니 그것은 내가 원하던 공부가 아니었다. 원론에서 벗어나 좀 더 실전적인 것을 알고 싶었다. 그때부터 바로 휴학한 뒤 닥치는 대로 책을 읽었다. 거의 모든 경제 유튜브와 경제 채널 방송을 샅샅이 뒤져보고, 이해도 안 되는 해외 뉴스까지 찾아보기 시작했다.

그렇게 쉬면서 또 한 번 나 자신에 대해 고민하고, 끝없이 질문한 끝에 나의 투자 성향을 완벽히 파악했다. 지금이 바로 비겁하게 돈을 불릴 수 있는 시기임을 직감하고 시드머니를 끌어모아 투자를 시작했다.

그 결과 나는 비로소 부의 시작점에 서게 되었다. 투자를 결심하고 주변의 비웃음을 감내하며 시작했던 이 행동으로 말이다.

구체적으로 밝힐 수는 없지만, 투자를 하면서 얻은 수익은 개그맨으로서 지난 20년간 벌어들인 총수입을 압도한다. 한때 꽤나 유명했던 개그맨이기에 가질 수 있는 수익보다 훨씬 말이다. 투자에 관련한 책을 쓰게 된 가장 큰 계기도, 부족하지 않을 정도의 성과를 냈다는 자신이 있어서였다.

내가 개그맨이 되겠다고 했을 때와
내가 투자를 한다고 했을 때,
이 두 번의 비웃음이 아이러니하게도
나에게는 두 번의 가장 큰 성공으로 이어졌다.

이 책은 누군가에게 "이렇게 투자해라" "이곳에 돈을 넣어라"라며 투자에 대해 가르치려는 책이 아니다. 어떤 종목이나 지역이 오른다며 예언하지도 않는다. 무언가를 다 안다고 생각해서 이 책을 쓰는 것도 아니다. 만약 그렇다면 개그도 이런 개그가 없을 것이다. 다만 내가 아는 것이 남들도 다 아는 것이라 가정하지 않고, 내가 아는 것이 우월한 것이라고 생각하지 않으며, 그저 내가 경험을 통해 느낀 것과 나의 생각이 누군가에게는 도움이 될 수 있다는 자세로 이 책을 썼다.

이 책에서 말하고자 하는 것은 크게 두 가지다. 바로 '쉼'과 '비겁함'이다. 독자들이 쉼을 갖고, 자신에게 맞는 비겁한 돈의 지점을 찾아 나가기를 바라는, 두 가지 메시지를 담았다.

혹시 책을 집어 들어 프롤로그를 읽고 있을 당신도 "황현희가 경제도서를?" 하면서 비웃을 준비를 할지도 모르겠다.

환영이다.

나는 이 책이 내 인생의 세 번째 비웃음이 되기를 바란다.

마지막으로 나의 선택을 묵묵히 바라봐주고 쉽지 않은 길을 함께 걸어가며 응원해 주는 아내와, 날마다 상상할 수도 없는 행복한 웃음을 만들어주는 이제 35개월 된 아들, 내 가족에게 사랑을 전한다.

차례

| Part I | 돈은 도구가 아니다, 목적이다 |

| Part II | 평범하게 부자가 되는 유일한 길, 비겁한 돈 |

Part III 투자와의 거리두기, 나라는 사람 찾기

Part I,

돈은
도구가 아니다,
목적이다

1.

돈은 당신에게
무시당하도록
설계되지 않았다

나는 돈을 좋아한다.

이 말 한마디가 참 쉽지 않았다. 연예인이라는 직업을 가진 사람이, 방송을 업으로 하는 사람이, 책을 시작하는 첫 마디로 이 말을 쓰는 것이 나는 무서웠다. 그럼에도 불구하고 돈을 좋아한다는 말로 이야기를 시작하는 이유는, 이 점을 고백해야 지금부터 내가 할 모든 말들에 당당할 수 있다고 생각해서다.

오래전 누군가가 내게 말했다. 글은 자신을 꾸미기 위해 사용하는 것이 아니라, 가장 솔직한 자신을 인정하고 드러내기 위해 사용해야 한다고. 그래야 부족할지언정 부끄럽지 않은 글을 쓸 수 있다고.

이 말을 수십 번 되새기며 오랜 시간 첫마디를 고민했다. 그렇게 찾은 첫마디는 아무리 생각해도 이것이다.

나는 돈을 좋아한다. 나는 돈을 무척 좋아한다.

그래서 지금부터 내가 전할 모든 이야기는 돈을 좋아하는 사람이 하는 돈 이야기다. 당신 역시도 나처럼 돈을 좋아하길 바라는 마음으로, 좋아하는 만큼이나 돈을 가질 수 있길 바라는 희망으로 쓰는 이야기다.

돌아보면, 우리가 사는 세상은 돈을 좋아한다는 말을 싫어한다. 돈을 좋아하는 사람을 속물이라며 손가락질하고, 그런 말을 하는 스스로를 부끄러워하라고 가르친다. 돈을 많이 번 사람은 시기와 질투의 대상이 되고, 어딘지 뒤가 구릴 것 같다는 비난마저 듣는다. 돈을 좋아한다는 말은 그래서 얻을 건 적고 잃을 건 많은 말이다.

그래서인지 이미지를 먹고 사는 연예인들은 더더욱 돈을 좋아한다는 말을 쉽사리 하지 못한다. 오히려 돈 때문에 상처받고 뒤통수 맞은 이야기를 주로 한다. 마치 돈은 가해자요 자신은 피해자인 것처럼 말이다. 그러다 보니 그동안 연예인들의 입을 통해 방송에서 나왔던 말들 대부분은 "사업하다 망했어요" 아니면 "주식하다 망했어요" "사기당했어요"였다. 사랑을 먹고 살아야 하는 연예인이기에, 사람들이 싫어하는 말을 하지 않는 것은 어쩌면 당연하다.

허나 나는 지금부터 이 말들과 정확히 반대되는 지점을 말하려 한다.

'사업하다 망했어요'가 아니라
사업은 망하지 않게 해야 함을,
주식으로 망하는 이유는 돈을 좇아서가 아니라
돈을 좇을 자격이 안 되어서였다는 말을,
사기당했던 경험이 아니라
한 번도 사기당하지 않을 수 있었던 이유에 대해 말하려 한다.

이 모든 것들의 시작에는 돈을 좋아하는 나 자신이 있고, 나아가 이제는 돈을 목적으로 살아가는 나 자신이 있기 때문이다.
이제 돈에 대한 또 다른 인정 하나를 하려 한다.

나는 지금 돈을 목적으로 삼고 살아간다.

이 말 역시 꽤나 위험한 말일 것이다. 명성이 있는 사람 중 그 누구도 돈을 인생의 목적으로 두라는 말은 하지 않는다. 대신 돈이 목적이 되는 것을 경계하고, 어디까지나 돈을 수단으로 사용하라고 말한다.

하지만 나는 이 말에 결코 동의하지 않는다. 진짜 자기 삶을 살기 위해서는 돈이 필요하다는 사실을 인정하고, 그 돈을 인생의 목적으로 삼아야 한다.

돈을 인생의 목적으로 삼는 것이 너무 세속적이라고 생각할 수 있다. 하지만 살아가는 모든 것들은 결국 세속의 영역에 있다. 그 안에서 조금 더 큰 평안과 안위를 바라는 것은 인간의 당연한 욕망이다. 그 욕망을 거부하고 고고한 척하는 이야기를 우리는 너무나 많이 들어왔다. 이제야 그 말들이 틀렸음을 깨달았다. 정확히는 그 말들이 내가 살고 싶은 삶과 결이 맞지 않는다는 것을 깨달았다. 그래서 내 방향을 온전히 지켜주는 이야기를 스스로에게 하기 시작했다. 그 이야기를 한마디로 압축하면 이것이다.

'돈을 삶의 목적으로 삼아야 한다.'

물론 처음부터 이렇게 생각한 것은 아니었다. 돈에 관해 어떻게 생각해왔는지 돌아보면, 나는 꽤나 긴 시간 동안 돈을 관대하게 바라봤다. 누군가가 돈에 관해 물으면 내 대답은 이런 식이었다.

'열심히 해라. 열심히 일한다면 돈은 알아서 따라오는 것이다.'

과거의 나는 이 말을 믿었다. 돈에 대해 그저 나태하고 느긋하게 받아들이고 살았다. 후배들에게 선배랍시고 했던 말도 늘 이런 식이었다. 돈 벌 생각 하지 말고 관객을 웃길 고민을 하라고, 웃기기 위해 노력하다 보면 돈과 인기는 자연스럽게 따라온다고. 그놈의 '자연스럽게'라는 단어를 무던히도 써가며 고고한 척 신선놀음을 했다. 부끄럽게도 말이다.

물론 그때의 나는 이 말을 진심으로 믿었다. 낮밤 관계없이 매일 아이디어를 내고 회의했고, 일주일에 한 번 무대에 서기 위해 피디와 작가의 눈치를 보면서 죽을 등 살 등 살았다. 조금이라도 짬이 나면 돈을 벌기 위해 행사를 뛰느라 쉴 새 없이 전국을 돌아다녔다. 몇십만 원밖에 쥐어지지 않는 결혼식 사회도 마다하지 않았다.

그땐 이 모든 것들을 돈이 아니라 일을 목적에 두고 했다. 어떻게든 내가 맡은 이 일에 최선을 다해보려고, 최선을 다하다 보면 언젠가는 그 끝에 생각지도 않았던 막대한 보상과 가치가 있을 거라고 믿었다.

바쁘게 뛰어다니다 보면 어느새 월요일을 맞이하고 다시 리허설을 준비했다. 막상 해봐서 재미가 없다면 다시 밤을 새우며 새로운 아이디어를 짰다. 무대에 올라 관객들의 반응이 좋지 않으면 술로 마음을 달랬다.

수없이 히트 코너를 내려고 애썼지만 마음만큼 쉽지는 않았다. 매일매일이 맨땅에 헤딩이었다. 2004년부터 2015년까지, 꼬박 12년을 그렇게 살았다. 최선을 다했다. 일을 즐기기 위해 이를 악물었다.

그 과정이 있었기에 확실하게 이야기할 수 있다. 일에 최선을 다한다고 해서 결코 원하는 돈이 따라오지는 않는다. 일을 즐기라는 말처럼 안이하고 무책임한 헛소리는 없다.

일이란 건 내가 조금은 좋아할지도 모를 분야에 나의 노동력을 쓰는 것이다. 문제는 이 노동력을 내가 하고 싶은 순간에도, 하기 싫은 순간에도, 할 수 없는 순간에도 써야 한다. 일이란 그런 것이다. 가장 좋아하는 일을 가장 하기 싫은 순간에도 할 수 있는 사람이 프로라는 타이틀을 얻는다. 그 과정이 언제나 즐거울 리 없고, 매일 즐길 수도 없다. 끝난 뒤 성취감과 만족감은 있겠지만, 절대로 일하는 과정 전체가 늘 온전히 즐거울 수는 없다. 엿 같지만, 일이란 그런 것이다.

물론 그렇게 노력했기에 부족하지 않은 수입이 생기긴 했다. 지난 12년간 나의 노력으로 번 돈은 먹고살기 충분하고도 남을 정도

였으니 말이다. 하지만 내가 착각한 것이 두 가지 있었다.

언제까지 이렇게 일할 수 있을 것이라는 착각,
언제까지 내가 몸담고 있는 시장이
변하지 않을 것이라는 착각 말이다.

어느 순간 나는 개그맨으로서 무형 자산이 거의 소모되고 있음을 느꼈다. 일을 하며 성장하는 줄 알았지만, 돌아보니 일을 하며 내가 조금씩 갈려나가고 있었다. 히트작을 만들지 못한 적은 별로 없었지만, 히트작을 이 이상 계속해서 만들 수는 없다는 것을 알아갔다. 불행히도 나는 유재석이 아니었다. 내겐 그처럼 언제까지나 일을 할 수 있는 재능도, 열정도, 노력도 부족했다. 내가 못난 것인지 그가 대단한 것인지는 중요하지 않다. 그처럼 될 수 없는 냉정한 현실을 받아들여야 했다.

설상가상 개그계라는 시장 역시 내가 눈치채지 못하는 사이에 서서히 변해갔다. 어느 순간 문화가 바뀌고, 나에게 개그맨이라는 타이틀을 주었던 업계가 쇠퇴기를 겪었다. 언젠가부터 문화의 중심에서 멀어지기 시작했다. 시장이 쇠퇴하다 보니 자연스럽게 시장에 모여드는 돈도 줄어들었다. 그저 열심히 일한다고 해서 돈을 주는 시장이 더 이상 아니게 된 것이다. 나는 운이 좋아서 좋은 시기를 만나 돈을 벌었지만, 내 후배들은 그렇지 못했다. 과거의 나만큼 일해서는 과거의 내가 가졌던 돈의 절반도 가질 수 없는 시장으로 추락한 것이다.

돈을 목적으로 하지 않고 일을 목적으로 두고 살았던 삶이 결국 이러한 결과를 맞았다. 비단 연예인의 이야기만은 아닐 것이다. 초중고에 대학까지 16년을 공부해서 겨우 취직하더라도 16년도 안 되어 나가라고 하는 것이 요즘 회사들 아니겠는가.

죽어라 배우며 온몸을 바쳐 회사에 헌신해도, 시대가 바뀌면 한물간 사람으로 취급돼 명예퇴직을 권고받는다. 그런 이들이 느끼는 감정이 내가 경험했던 것과 비슷하지 않을까? 구체적으로 대입하자면, 현대자동차 직원들이 4차 산업혁명과 전기차의 발달로 인해 기계공학과에서 전자공학과 출신으로 대체되는 요즘 시기의 변화라고나 할까. 개인이 어찌할 수 없는 큰 시대적 변화 말이다.

내가 이 과정을 통해 하나 깨달은 것이 있다면, 일은 결코 개인이 온전히 소유하고 통제할 수 있는 대상이 아니라는 사실이다. 내가 소유할 수 없다는 것은, 내가 바꿀 수 있는 게 많지 않다는 뜻이다. 일은 개인이 아닌 회사에, 나아가 시장에 얽매여 있다. 이 시장이 내 일을 좌지우지한다. 결국 시장 상황에 따라 어제까지 했던 일이라도 얼마든지 소멸할 수 있고, 그 일에 모든 것을 쏟아부었던 사람의 직업 역시 소멸할 수 있다.

반면 돈은 다르다. 돈은 내가 소유할 수 있다. 그래서 돈은 온전히 나의 지배를 받는다. 내가 돈을 어떻게 다루는가에 따라, 내 행동에 비례한 결괏값을 준다. 돈은 내가 주도적일 수 있게 해주고, 내 삶을 마음대로 바꿀 수 있게 해준다. 그렇다면 결국 돈은 내 삶을 내 의지대로 바꾸게 만들어 주는 가장 믿음직한 도구인 셈이다. 이것이 일과 돈에 대한 나의 시선이다.

일을 목적으로 하며 최선을 다해 살았던 사람들이 아파트 한 채 살 돈도 얻지 못한 채 시장 바깥으로 퇴출당하는 일이 부지기수인 요즘, 과연 열심히 일하면 돈은 자연히 따라온다는 말을 누가 할 수 있을까? 돈을 목적이 아닌 수단으로 삼아야 한다는 말은 또 얼마나 가식적으로 느껴질까?

12년이라는 시간을 통해, 나는 그저 그때의 시기와 운이 잘 따라주었을 뿐이지 내 능력으로만 돈을 번 것은 아니라는 뒤늦은 깨달음을 얻었다. 이제는 좋아하는 일을 열심히만 하면 돈은 따라온다는 생각이 틀렸음을 인정한다.

더 정확하게 말하면, 일을 열심히 하고 즐긴다면 돈은 어느 정도 따라온다지만, 흔히 말하는 경제적 자유를 달성하기에는 턱없이 부족하다. 인생을 살아보고 돈을 벌어보니, 돈이라는 녀석은 관심과 사랑을 갖지 않는 사람에게는 딱 그 정도의 크기만 허락했다. 뒤에 할 말들을 먼저 끌어와서 한마디로 말해보자면 이것이다.

노동수익만으로는 절대 원하는 돈을 만들 수 없다.

공개 코미디 쇼가 쇠퇴기를 겪고, 얼굴은 알려졌지만 한물간 개그맨이 되어 있을 즈음에 나는 비로소 이 사실을 인정했다.

그나마 내게 허락된 큰 축복은, 그걸 깨닫고 난 뒤 바로 생계를 걱정하지 않아도 될 정도의 돈은 미리 벌어놨다는 점이다. 그래서 운좋게도 나는 이 시기에 온전히 나를 위한 시간을 자신에게 선물할 수 있었다. 말 그대로 생존을 걱정하지 않고 온전히 쉴 수 있었다.

운명적으로 쉼이라는 선물을 얻고, 많은 생각과 고민을 해나가는 과정에서 나는 돈에 대한 생각을 완전히 바꾸었다. '열심히 일하면 돈은 따라온다'에서 '돈을 위해서 무언가를 열심히 해야 한다'의 방향으로 말이다.

2016년부터 돈에 대한 관점을 바꾸고, 참고할 만한 것이라면 무엇이든 닥치는 대로 읽고 보았다. 일을 쉬었으니 가능했다. 보통 자신이 평생을 쏟았던 일이 쇠퇴하는 경험을 하게 되면, 지푸라기라도 잡는 심정으로 어떻게든 그곳에 마지막까지 매달려 있으려 한다. 하지만 나는 그 판에서 떨어져 나와 쉬어야만 새로운 판을 읽을 수 있다는 것을 깨달았다.

이렇듯 나는 12년간 돈을 도구로 두고 살아오다가, 전환점을 맞은 뒤로는 지금까지 돈을 목적으로 두고 살아가고 있다. 돈을 도구로 삼았을 때의 나와 돈을 목적으로 삼았을 때의 나는 그래서 많이 다르다. 지금부터 하려는 이야기는 후자의 이야기다. 후자의 이야기가 맞다는 믿음이 있었기에 이 책을 쓴다.

돈을 목적으로 두는 삶이 결코 틀리지 않음을,
돈을 목적으로 두고 사는 것이
돈에 휘둘리지 않는 유일한 길임을,
돈을 목적으로 두고 행동해야
돈이라는 녀석이 나를 위해 일할 수 있음을 이야기하려 한다.

돈을 목적으로 두기 위해서는 어떤 것을 해야 하는지, 돈이라는 목적을 이루려면 또한 어떤 것을 해야 하는지를 지난 나의 경험과 생각, 함께 책을 쓰는 공저자의 통찰과 관점 그리고 지금껏 우리가 만난 훌륭한 투자자들의 성찰까지 엮어 이야기해보려 한다.

나는 이것을 아무렇지 않게, 특별할 것 없이, 지극히 평범하게 부자가 되는 가장 빠른 길이라고 표현한다. 조금 더 짧게 표현하자면 나는 이것을 '비겁한 돈'이라 부른다. 그리고 이 책을 관통하는 가장 큰 주제가 바로 이 비겁한 돈에 대한 이야기다.

'비겁하다'는 단어를 처음 듣고 거부감이 들었을 수도 있다. 비겁하다는 것은 정당하지 못하다는 뜻이니까 말이다. 아이러니하게도 이것이 내가 비겁한 돈이라는 표현을 쓰는 이유이기도 하다. 정당하지 못한 돈이니까 말이다. 좀 더 정확히는, 내가 말하고자 하는 비겁한 돈은 사람들이 정당하게 버는 방식이 아니라고 폄하할 바로 그 돈이기 때문이다.

비겁하다는 표현은 내가 처음 투자로 수익을 올렸을 때 내 주변 사람들이 내게 가장 많이 했던 말이기도 하다. 내가 번 돈을 평가하며 말이다. 그들의 눈에는 아무 실력도 없는 내가 자신이 평생 노동해도 벌지 못하는 수익을 너무도 쉽게 얻는 것처럼 보이니 이런 평가는 어쩌면 당연하다. 사촌이 땅을 사도 배가 아프다고 하지 않던가. 그 마음을 부정할 생각은 없기에 나는 당당하게도 비겁한 돈이라 표현한다.

그들의 말처럼 내가 지금부터 말할 비겁한 돈이란,

남들이 보기에는 '아무런 노력 없이'

혹은 '너무도 쉽게' 벌 수 있는 돈,
그래서 어쩐지 정정당당하지 못하고
어쩌다 얻어걸려 하등 가치가 없다고 폄하될 돈을 뜻한다.
동시에 이 돈은 비겁하다고 폄하될 수는 있지만
사실 대부분의 사람들이 원하던 돈이라고 확신한다.

마치 이솝우화에서 포도밭의 신 포도처럼, 남이 가지고 있다면 한껏 욕하고 싶지만 만약 내게 주어진다면 쌍수를 벌려 환영할 돈이 비겁한 돈이다.

자, 시작해보자.

2.

돈을 목적으로
한다는 것의
세 가지 의미

"부처님 눈에는 부처만 보이고 돼지 눈에는 돼지만 보인다."

나는 이 말을 참 좋아한다. 매우 훌륭한 사람이 전하는 세상 좋은 말도 누군가에게는 깨달음이지만 다른 누군가에게는 잔소리에 불과한 법이다. 모든 것은 자신의 그릇이 결정한다.

내 이야기도 마찬가지다. 나는 훌륭한 사람도 아니고, 내 이야기가 꼭 좋은 말이라는 보장도 없다. 하지만 누군가에게는 꼭 맞거나 필요한 이야기일 수 있다.

지금부터 나는 돈을 목적으로 두라는 말의 진짜 속내를 이야기하려 한다. 내 말에 누군가는 고개를 끄덕이겠지만 누군가는 속물이라 바라보며 욕할 것이다. 고개를 끄덕이든 욕을 하든 크게 상관은 없다. 전자라면 고맙고, 후자라면 내 말을 신경 쓰지 않으면 그뿐이다. 그저 그 사람이 가진 그릇의 형태가 나와 다를 뿐이니까.

돈을 목적으로 두고 살라는 말의 첫 번째 속내는 다음과 같다.

첫째, 돈에 대해 더 이상 고고한 척 연기하기를 그만둘 것.

사람들은 이상하다. 돈에 대해 고고한 척하는 것을 미덕으로 여기고, "돈, 돈, 돈" 하고 외치는 것을 저급하고 천하다고 생각한다. 때로는 도덕률에 맞춰 돈을 폄하하기까지 한다. 도의적인 차원에서 돈을 외치는 게 타당하지 못하다고 생각하는 것이다. 내가 돈을 번다는 사실을 드러내는 것은 경솔하고 경망스러운 일이라고 받아들인다. 유독 돈에 대해서만큼은 지금도 선비 같은 모습을 강요한다.

그러면서 말한다. 돈이 인생의 전부는 아니라고. 그렇게 스스로를 위로한다. 돈이 많다고 해서 꼭 행복한 것은 아니라고 수없이 외친다. 하지만 돈이 없으면 행복할 기회조차 뺏길 수 있다는 사실에 대해서는 말하려 하지 않는다. 이 잘못된 생각을 뜯어고쳐야 한다. 돈이 없으면 행복하기 어렵다는 걸 인정해야 한다. 돈이 있으면 돈이 없을 때보다 행복할 가능성이 압도적으로 높음을 인정해야 한다.

더 이상 정의라는 이름으로 돈을 폄하하고
의리라는 이름으로 돈을 낭비하며
도의라는 이름으로 돈을 뒷전으로 두는
모든 기만적인 행동들과 이별해야 한다.
이 결별이 경제적 자유로 나를 인도했다.

거듭 말하지만, 연예인으로서의 나는 딱 부족하지 않을 정도로만 돈을 벌었다. 돈 걱정으로부터 자유로워진 것은 그 이후에 돈에 대한 가치관을 완전히 바꾸면서부터다.

이제부터라도 돈이라는 것을 있는 그대로 받아들이고 목적으로 삼기 위해서는 더욱더 돈에 대해 솔직해져야 한다. 누가 돈을 벌었다고 말할 때도 시기와 질투의 시선을 보낼 것이 아니라, 멋진 일이고 잘한 일이라 여겨야 한다. 이제는 누군가가 방송에 나와서 사업하다 망했다고 푸념할 때, 혹은 사기를 당했다고 할 때, 우리는 그것을 그저 개그 소재로 삼으며 웃고 넘어갈 것이 아니라 꽤나 한심한 일이라고 받아들여야 한다. 더 나아가서, 그런 이야기를 하는 그들의 진짜 목적은 또다시 돈을 벌기 위해 동정심을 유발하는 행동일 수도 있다고 의심하며 나와는 거리를 두어야 한다. 그들은 동정표를 얻어 다시 인기를 높이면 그것을 발판 삼아 돈을 벌 수 있다. 그러므로 그들의 실패를 보통 사람의 실패와는 다른 무게로 받아들이고, 사업이나 투자가 망하거나 실패하는 것을 희화화하는 데 익숙해지지 말아야 한다.

솔직해져야 돈을 내 앞에 둘 수 있다. 외면하고 멀리하려 하면 그만큼 더 멀어질 수밖에 없다. 확신한다. 이 책을 읽고 있는 그 누구도 돈에 대해 초연할 수 없다. 돈이 없는 정의는 무너지기 쉽고, 사람 사이의 의리가 상하는 대부분의 이유는 결국 돈 때문이다. 도의를 다하기 위해서라도 돈이 어쩔 수 없이 필요하다. 이것을 인정해야 한다.

나 역시 그랬다. 돈 때문에 항상 당당해질 수 없었고, 돈 때문에 하기 싫은 일들에 질질 끌려다닐 수밖에 없었다. 돈 때문에 남에게 굽신거리고 비위를 맞추며 일을 따낼 수밖에 없었고, 돈 때문에 전국 방방곡곡을 돌아다니며 행사를 뛸 수밖에 없었다.

지금 와서 말하지만 하기 싫었다. 행사에 가서 무대에 오르면, 꼭 돈을 벌려고 이렇게까지 해야 하는지 고민했다. 심지어 개그맨이니 어디 한번 웃겨보라며 폄하하고 농락하는 말을 수없이 들으면서도 웃어넘겨야 했다.

이 글을 읽는 당신 역시 힘들었던 그 당시의 내 상황과 비슷한 어디쯤에 있을지도 모른다. 그 힘듦을 소주 한잔으로 털어버리려

하지 말고, 그 안에서 돈에 대한 진심을 발견해야 한다. 이것이 돈을 목적으로 살아야 한다는 말의 첫 번째 의미다.

돈을 목적으로 두는 삶을 살아야 한다는 말의 두 번째 속내는 다음과 같다. 돈이 정말 중요하고, 돈에 대해 솔직하고자 다짐했다면 다음과 같은 불편한 진실 하나를 인정해야 한다.

둘째, 노동으로 버는 돈은 결코 삶 전체를 지탱해줄 수 없음을 인정할 것.

전제를 하나 말하자면, 나는 누구나 노동만으로 충분히 벌어먹고 사는 세상이 되어야 한다고 생각한다. 충분히 벌어먹고 산다는 말의 의미는, 성실하게 노동하는 것만으로도 삶을 더 나은 방향으로 만들어갈 수 있음을 말한다. 어느 트로트 노래 가사처럼, '황소처럼 일만 하셔도 살림살이가 마냥 그 자리'라면 이는 충분히 벌어먹고 사는 세상이 아니다.

그런 시선에서 냉정히 보자면 지금 우리가 사는 시대는 이상적인 시대가 아니다. 단언한다. 노동만으로도 충분히 벌어먹고 사는 세상은 이미 예전에 지나갔다. 그건 굳이 내가 장황하게 설명하지 않아도 많은 이들이 이미 피부로 느끼고 있을 것이다.

여기서 백번 양보해보자. 노동만으로 충분히 벌어먹고 사는 세상이라고 행복회로를 돌려보자. 그걸로 족할까? 그런 세상이라 하더라도 노동을 평생 해야 한다는 전제가 다시 문제가 된다. 만약 노동을 할 수 없는 순간이 온다면 그땐 무엇으로 살 것인가? 노동을 죽을 때까지 할 수 있는가? 할 수 있다면 죽을 때까지 노동해야 하는 세상은 옳은가?

죽어라 공부해서 어렵게 대기업에 들어간들, 20년 일했으면 잘했고 30년 일하려면 도둑놈이라는 소리를 듣는 시대다. 그 안에서 살아남기 위해 죽을 만큼 노력한다 하더라도, 결국 임원이라는 허울 좋은 계약직이 되어 언제고 노동을 그만두어야 하는 구조에 놓이게 된다.

100세 시대라는데, 남은 50년 내지 60년은 무엇으로 채울 것인가? 누군가는 얼마 되지 않는 퇴직금을 손에 쥐고 치킨집 프랜차이즈에 손을 댈 것이다. 누군가는 사업을 한답시고 그제야 무언가에 도전해보려 할 것이다. 90% 이상이 망한다는 그 길을 알면서도 가는 이유는 단순하다. 이 사회가 노동이 전부인 사람에게 노동력을 팔 기회를 보장해주지 않고서, 남은 50년을 안전장치 없이 어떻게든 살아 내라고 몰아세우기 때문이다.

진짜 문제는 위의 경우도 극히 성공한 케이스라는 것이다. 만약 대기업이 아닌 열악한 중소기업이라면? 만약 처음부터 아주 힘든 고강도 육체노동을 생계수단으로 선택하게 되었다면? 시간이 지날수록 늙고 지쳐가는 육신의 감가상각을 당해낼 재간이 아무리 생각해도 그려지지 않는다.

안타깝지만 그런 시대다. 이 상황에서 인정해야 한다. 노동 하나만으로 삶을 아름답게 마무리 짓기에는 이 세상이 그리 아름답지 못함을.

물론 재능과 노력으로 이 모든 것들을 뒤집을 수 있다는 사실에도 동의한다. 위대한 비즈니스를 구상해 다른 사람들의 삶을 더 낫게 만들어준다거나 하는 일들 말이다. 구체적으로 아이폰을 만든다든가 페이스북을 만든다든가 하는 일들 말이다. 또 특출난 감각으로 다른 사람에게 즐거움을 주는 직업을 가진 연예인도 그런 경우다.

그러면 물어보자. 당신이 거기에 속하는가?

너무 뼈를 때리는 것 같지만 계속해서 이어가보자. 당신이 그런 능력자여서 사업가가 되거나 연예인이 되었다고 생각해보자. 당신은 그 노동만으로 삶을 살아갈 수 있을까?

있다. 만약 당신이 그 직군 안에서도 0.1%에 속하는 아주 특수한 경우라면.

연예계를 예로 들어보자. 이 세계는 상위 0.1%의 인기를 누리는 연예인이 99.9%의 일을 몰아서 하고 99.9%의 수입을 가져간다. 달리 말하면 99.9%가 쉬고 있다. 그렇다면 0.1%에 해당하는 사람들의 영광의 순간은 영원할까? 아쉽지만 그것도 대부분은 잠깐이다. 20년 이상 인기를 유지하기란 하늘의 별따기다. 보통 개그계에서 인기의 유통기한을 6개월로 친다.

전국에서 웃음에 대해 끼와 재능이 충만한 사람들이 모여서 개그 프로그램을 한다. 하지만 인기 있는 코너 하나를 히트시켜놓고 어느샌가 사라진 개그맨을 많이 봤을 것이다. 잠깐은 0.1%가 될 수 있지만, 그 순간을 지속시킬 힘은 없는 것이다. 연예인 대부분의 이야기다. 재능이 있다고 인정받았고, 재능이 있다고 스스로 믿었던 사람들의 이야기다. 노동만으로도 충분히 먹고살 것 같았던 사람들이다. 나를 포함해서 말이다.

앞서 말했듯 나 역시 한때는 그리 생각했다. 지금 하는 일만 열심히 하면, 노동만 열심히 하면, 죽을 때까지 번듯하게 살 수 있을 것이라고. 이 모든 말들은 돈에 대한 개념이 전혀 잡혀 있지 않았던 2015년 즈음의 내 이야기다.

결국 극소수의 몇 퍼센트를 제외하고 대부분의 사람이 노동으로 얻는 것은 작고 한정적일 수밖에 없다. 그러니 이제는 인정해야만 한다. 노동만으로 요람에서 무덤까지 경제적 안정을 얻는 것은 사실상 불가능한 시대임을 말이다.

만약 여기까지 인정했다면 돈을 목적으로 두는 삶을 살아야 한다는 말의 마지막 속내를 자연스럽게 알게 된다.

셋째, 삶 전체를 지탱해줄 수익 수단을 반드시 가질 것.

노동이 결코 삶 전체를 지탱해줄 수익을 보장해주지 못한다면, 남은 선택은 비교적 단순해진다.

장사 혹은 사업을 하거나, 투자를 하거나.

나는 장사나 사업을 해본 일이 없기에 여기에 대해서는 말할 수 없다. 자신이 하지 않은 일을 하라고 말하는 사람은 타락한 종교인이 아니면 사기꾼이다.

결국 내가 말할 수 있는 것은 투자에 대한 이야기다. 그런데 장사와 사업, 투자는 사실 공통점이 있다. 바로 자신의 가치를 시장에서 스스로 증명하여 대가를 가져가는 행위라는 점이다. 장사꾼과 사업가는 남이 주는 월급을 받지 않는다. 자신이 만든 제품이나 서비스를 시장에 제공하고 그 대가를 가져간다. 시장의 가격은 본인이 들인 노력과 본인이 만든 상품의 가치로 결정된다. 투자 역시 마찬가지다. 오롯이 자신의 선택으로 투자를 결정하고, 자신의 판단과 시장의 결과에 따라 그 몫을 가져간다. 그게 플러스든 마이너스든 말이다.

스스로 결정하기 때문에 은퇴라는 것이 딱히 정해져 있지 않다. 90세가 넘어도 여전히 초밥을 만드는 장인이 일본에는 흔하다. 세상에 재미난 일이 너무나 많아서 도저히 은퇴할 수 없다고 말했던 유명한 사업가도 있다. 투자는 말할 것도 없다. 레이 달리오 혹은 워런 버핏은, 아마 숨을 거두는 그날까지 투자를 할 것이다. 은퇴가 없기 때문에 본인의 상태에 따라 죽는 날까지 시장에 자신의 시간과 노력을 수익으로 환원시킬 수 있다.

이처럼 삶 전체를 지탱해줄 수익수단이라는 것은 거창해 보이지만, 결국 죽을 때까지 스스로의 의지로 수익을 만들 수 있는 일을 의미한다. 당신이 만약 그 수단으로 장사나 사업을 생각하고 있다면, 아쉽지만 책을 잘못 골랐다. 이 책은 투자에 대한 책이다.

조심스러운 이야기지만 영원한 수익을 만들어주는 수단으로 장사나 사업을 생각하는 사람보다는 투자를 생각하는 사람이 압도적으로 많을 것이다. 당장 오늘의 세상을 보더라도 벤처 붐이나 창업 붐이라는 단어는 들어본 지 꽤 오래되었지만 부동산 열풍, 주식 열풍, 코인 열풍 따위의 투자와 관련된 단어는 너무나 흔히 들리니 말이다.

지금 시대에 수많은 사람이 주식에 몰리고 부동산에 몰리고 심지어 비트코인에까지 몰리는 것은 그들이 탐욕스러워서가 아니다. 돈을 목적으로 두려는 대다수의 사람들이 도달하는 것이 이 지점이기 때문이다. 돈을 목적으로 두는 사람이 이 시장 체제에서 원하는 만큼의 돈을 가질 수 있는 거의 유일한 수단이 투자이기 때문이다.

이제 투자를 선택으로 하는 시대는 끝났다.

투자를 해도 되는 시대에서 투자를 해야만 하는 시대로, 세상이 바뀌고 있다.

"나는 돈에 관심 없어"라는 말은 다시 말하면 "나는 가난하고 힘 들게 살 거야"라는 말과 다를 바가 없다. 돈이라는 목적을 명확하게 세운 사람들에게 "천민자본주의다"라고 폄하하고 무시한다면 "내 윤택한 삶을 그들에게 양보하겠다"라고 생각하는 것과 다를 바가 없다.

지속적인 수익 수단을 만들지 못한 삶의 말로는 비참할 수밖에 없다. 나는 그것이 미치도록 두렵다. 두려웠기에 외면할 수 없었다. 두려움을 정면으로 직시한 뒤 내가 찾은 답은 투자였다. 사업할 깜 냥이 안 되어서일 수도 있고, 장사를 하기에는 얼굴이 너무 많이 팔렸기 때문일 수도 있다.

어찌 되었건 나는 투자를 선택했고, 이 선택을 정답으로 만들기 위해 걸어왔다. 지금은 시작과 성공 사이의 그 어디쯤에 있다. 내가 찾은 이 수단은 꽤나 공평하고, 누구나 할 수 있으며, 언제든 시작해도 되는 일이다. 나는 이 길을 당신에게도 제안하려고 한다. 당신이 당신만의 마르지 않는 샘물을 만들기를 바라는 마음으로 말이다.

돈을 목적으로 하는 삶이라는 말을 요약하면 다음과 같다.

돈에 대해 초연한 척 연기하기를 그만둘 것.
노동이 결코 만족할 만큼의 돈을 벌어다 줄 수 없는 세상임을 인정할 것.
지속적인 수익 수단을 가지기 위해 투자를 선택할 것.

다소 길었지만, 결국 돈을 목적으로 하는 삶을 살고자 한다면 어떠한 형태든 투자라는 행동을 시작해야 한다. 아마 많은 사람들이 이미 투자를 해야겠다고 생각하고 있을 것이다. 그리고 실제로 투자를 하고 있을 것이다.

그런데 투자에 대해 내가 가지고 있는 생각은 대부분의 사람들이 가지고 있는 생각이나 시장의 전문가들이 말하는 것과는 많이 다른 결을 가지고 있다. 지금부터 투자한다는 것의 의미를 좀 더 깊게 생각해보자.

3.

시간 없이
이룰 수 있는 것은
망상뿐이다

'격언'이라는 단어를 내 식대로 정의하자면, '한 사람이 인생 전체를 겪은 후 던지는 한마디의 철학'이다. 우리에게 꽤나 많이 알려진 격언들은 그래서 힘이 있다. 짧은 글귀 안에 철학이 있고 삶의 지침이 있다. 동시에, 바라보기에 따라 한마디의 격언이 수많은 해석을 낳기도 한다. 어쩌면 지금 우리가 사는 삶은 앞서 고민하며 살다 간 많은 이들이 남긴 한마디 한마디의 조합 위에 세워진 것일지도 모르겠다.

그런 내가 요즘 들어 다시 보게 된 격언이 하나 있다. 거창한 것이 아니다. 모두가 다 알고 있는 말이다.

'시간은 금이다.'

해석하는 사람에 따라 차이는 있겠지만, 나는 이것이 참 무서운 말이라고 생각한다. 이 짧은 한 문장을 어떻게 받아들이냐에 따라 우리 인생은 완전히 바뀐다. 예전에 나는 이 말을, 그저 아무리 많은 돈을 지불해도 결코 돌이킬 수 없는 것이 시간이므로 황금처럼 소중하다는 뜻 정도로만 생각했다.

하지만 돈이 목적이 되는 삶, 투자를 할 수밖에 없는 삶을 받아들이면서 이 말의 의미가 조금 달라졌다.

시간이 금이라는 것은,
말 그대로 시간이 금과 같은 재화라는 뜻이다.

재화는 사람의 삶을 바꾸는 가장 확실한 도구이다. 이어서 해석하면, 시간은 사람의 삶을 바꾸는 재화이다. 그것도 가장 공평한 재화 말이다.

예를 들어보자. 누구에게나 똑같이 2008년도라는 1년의 시간을 주었을 때, 어떤 선택을 했는지에 따라 인생이 얼마나 달라졌을지 생각해보자. 누군가는 새로운 세상이 열렸다며 월급 받아 모은 돈 100만 원으로 아이폰 구매에 열을 올리고 있을 때, 누군가는 미래 변화의 가능성을 공부하며 100만 원으로 아이폰 대신 애플 주식을 샀을 것이다.

전자는 한 번의 소비로 끝났을지 모르지만, 아이폰을 구매하는 대신 애플 주식을 샀던 사람의 시간은 투자가 되었다. 시간이라는 재화의 쓰임 자체가 달라진 것이다. 그 결과는? 거의 열 배 이상의 차이가 되었다. 그때 그 시간에 100만 원으로 아이폰을 샀다면 지금쯤 장롱 어딘가에 처박혀서 사용도 안 하는 구닥다리 전자제품이 되어 있을 것이다. 반면 주식을 샀던 사람은 열 배 이상의 수익이 생겨서 100만 원이 1000만 원으로 불어난 잔고를 볼 것이다.

물론 극단적으로 잘된 회사의 예이다. 하지만 실제로 이런 방식으로 투자에 성공한 사람들이 지금 현재 부자가 되었다. 1998년 삼성전자 주식도 마찬가지였고, 2013년 테슬라 주식에 투자한 사람도 마찬가지였다. 2014년도에 부동산 공부에 열중해서 그 시기를 조율해 행동에 옮긴 압구정 현대아파트 소유주들도 그렇다. 서울 아파트에 대해 공부한 뒤, 시장 상황과 사람들의 욕구가 맞아떨어져 집값이 상승하는 때를 기다려서 서울 아파트에 '등기를 친' 모든 사람들도 마찬가지일 것이다.

이들 모두에게 시간은 공정했다.
이들 모두에게 시간은 동등한 재화였다.
다만 이 재화를 어떻게 사용했는가에 따라

결과가 완전히 달라졌을 뿐이다.

투자의 개념으로 보면 더욱 확실하게 보인다. 시간이라는 재화를 어떠한 항목에 투자했느냐에 따라 자산의 규모가 완전히 달라졌기 때문이다. 누군가는 마이너스지만, 누군가는 1000%의 수익률을 얻었다.

시간을 투자에 쓰라는 이야기는, 단순히 투자물의 가격이 오를 때까지 시간을 두고 기다리라는 뜻만이 아니다. 자신의 인생에서 무언가를 선택하기 위해 고민하는 데 쓰는 시간도 그만큼 중요하다. 이는 절대로 한순간의 선택이 아니다. 그 선택을 결정하기까지 들인 시간의 결과이다.

모든 선택은 결국 시간을 투자해 이루어지기 때문이다.

아이폰 하나를 사기 위해 일주일을 검색에 쓴 시간처럼, 애플에 투자하기 위해 그 기업의 가치를 일주일 이상 들여다보고 고민한 시간처럼 말이다. 자본이라는 재화를 투자하기 위해, 그에 앞서 시간이라는 재화를 투자한 것이다.

투자에 성공하는 모든 이들은

시간이라는 재화의 가치를 알고 있다.
투자를 시간과 엮어서 생각하지 않고,
오직 돈을 어디에 넣을지만 고민했던 사람이
성공한 투자자가 되었다는 이야기를 나는 들어보지 못했다.

오히려 투자에 성공하지 못했거나, 투자를 시작조차 하지 않는 이들이 시간이라는 재화의 가치를 무시하는 발언을 쏟아낸다. 시간의 가치를 활용할 생각을 전혀 하지 않고 있다가, 세상 모두가 투자로 돈을 벌 때 자신은 돈을 벌지 못했다며 '벼락거지'라는 자조 섞인 표현을 쓰는 것이 바로 그런 예다. 혼자 투자로 떼돈을 벌지 못했다는 박탈감에 스스로가 벼락거지처럼 느껴지겠지만, 틀렸다. 세상에 벼락거지는 없다. 벼락부자가 없기 때문이다.

자칭 벼락거지인 그들이 보기에 누군가가 부자가 되는 것은 일순간이다. 비트코인이 미친 상승률을 보일 때처럼 말이다. 하지만 그 이면에는 거기에 투자하기로 결정했던 이의 막대한 고민의 시간이 포함되어 있다.
결과는 하루아침일 수 있지만, 그 과정은 하루아침에 이루어지지 않는다.

'시간'이라는 말 뒤에 가장 어울리는 동사는 '쓴다' 혹은 '사용한다'이다. 사람들은 알고 있다. 시간이 사용하는 재화이고, 사용할 때 비로소 가치가 생긴다는 것을 말이다. 여기서 조금 더 나아가, '돈을 목적으로 하는 것'과 '시간을 사용하는 것'을 연결해서 생각해보자. 아주 당연함에도 지금까지 대부분의 사람들이 잊고 있었던 한 가지 사실을 알 수 있게 된다.

무언가를 이루고자 한다면, 거기에 당신의 시간을 사용해야 한다.

무언가를 이루기 위해서, 다시 말해 어떠한 목적을 달성하기 위해서 무엇이 필요한지 물어보면 대부분의 사람들이 공통적으로 노력이라는 단어를 꼽을 것이다. 이 노력이라는 단어 안에는 '자신의 시간을 그 목적을 이루기 위해 사용한다'는 뜻이 숨어 있다. 달리 말해, 어떠한 목적을 이루기 위해서는 시간이 꼭 필요하다.

목적에 따라 시간을 사용하는 방향은 완전히 달라진다. 시간의 방향이 달라진다는 것은 행동이 바뀐다는 뜻이고, 해야 할 일들이 달라진다는 뜻이다.

가령 누군가의 목적이 연애라면, 자신을 꾸미는 데 시간을 쓰거나 이성을 만나는 데 쓸 것이다. 자신의 목적이 '몸짱'이 되는 것이라면, 어떤 옷을 살지 고민하는 대신 헬스장에 가서 운동하는 데 시간을 쓸 것이다.

큰 목적일수록 거기에 들어가는 시간의 양도 당연히 늘어나야 한다. 좋은 대학이라는 목적을 이루기 위해서 우리는 초중고 12년 이라는 시간을 사용한다. 취업이라는 목적을 이루기 위해서 우리는 적게는 1년 많게는 6년 이상의 시간을 사용한다. 직장을 다니며 승진을 원한다면 직급에 따라 최소 3년에서 5년 이상은 시간을 써야 한다.

만약 지금까지 돈을 뒷전으로 두며 살아오다가 어느 날 돈을 목적으로 해야겠다는 목표가 생겼다면? 혹은 2020년부터 2021년까지 이어진 투자 열풍을 보며 돈의 필요성을 깨닫고 부자가 되어야 겠다는 목적을 설정했다면? 이때도 마찬가지다. 그 목적을 이루기 위해서는 반드시 시간이 필요하다. 너무나 당연한 이야기다. 하지만 우리는 돈을 목적으로 두었을 때 이 당연한 사실을 너무 쉽게 망각한다.

한번 생각해보자. 돈을 벌겠다는 목적에 시간을 투여하고자 한다면, 그 목적을 이루는 데에 어느 정도의 시간이 필요할까? 요즘 학생들에게 "서울대 갈래, 100억 벌래?"라고 질문한다면 거의 모든 학생이 100억을 선택할 것이다. 직장인들에게 "지금 진급할래, 10억 벌래?"라고 물어도 거의 후자를 선택할 것이다. 좋은 학벌보다는 100억이, 진급보다는 10억이 더 큰 가치라 생각하는 것이다.

그렇다면 100억을 목표로 지금부터 투자하는 사람은 과연 그 목표를 이루기 위해서 12년 이상의 시간을 쓸 준비가 되어 있을까? 주식으로 10억을 벌어 아파트를 사야겠다고 생각하는 사람은 과연 3년 이상의 시간을 쓰려 하고 있을까?

대부분은 그렇게 하지 않는다. 그게 문제다. 목적을 이루기 위해서는 그 목적의 크기에 맞게 충분한 시간을 써야 한다는 사실을 우리는 너무나 잘 알고 있다. 그런데 유독 투자라는 놈만 만나면 이 당연한 사실을 잊어버린다.

이제 갓 공부를 하기 시작한 초등학생이 "다음 달에 수능 봐서 서울대에 갈 거야"라고 말하면 우리는 허무맹랑한 소리를 한다며 코웃음을 칠 것이다. 이제 막 취업 준비를 시작한 사람이 아무런 스펙도 없는 상태에서 "이번 달 삼성에 입사지원을 해서 삼성에 들어갈 거야"라고 한다면 우리는 세상 물정 모른다고 정신 차리라며 핀잔을 줄 것이다. 우리는 알고 있다. 평범한 초등학생이 한 달 안에 서울대에 가는 것은, 아무런 준비도 없이 한 달 만에 대한민국에서 손꼽히는 기업에 입사하기란 애초에 불가능하다는 사실을 말이다.

그런데 그것 이상으로 바라고 또 바라는 돈에 대해서는 왜 내일 당장 가능해야 한다고 착각할까?

나는 이것을 투자 시간의 상대성이라 말한다. 투자라는 거시 세계에 들어오면 시간이 다르게 해석된다는 것이다.

투자를 시작한 사람들의 시간은 이상하게도 빨라진다. 빨리 뭔가에 투자해서 빠른 시간 안에 눈에 띄는 성과가 나타나기를 바란다. 귀가 팔랑거리기 시작하고, 이상하게 이때가 되면 남의 말도 잘 믿는다. TV에 나오는 전문가의 말 몇 마디를 듣고 뉴스 몇 개 읽고는 마음이 급해진다. 공부 한 글자 안 하고 시간을 투자해본 적도 없으면서 말이다.

하다못해 핸드폰 하나 살 때도 몇 달간 고민하며 유튜브란 유튜브는 다 찾아보고, 어디가 싼 곳인지 확인하고, 발품 팔고 여기저기 물어가면서 살까 말까 고민한다.

그런데 정작 몇백, 몇천만 원의 돈을 주식시장으로 넣을 때는 하루도 고민하지 않는다. 투자라는 욕망이 가진 무게가 너무나도 무거워서일까. 누가 시키지도 않았는데 스스로 다급해진다. 너도 나도 돈을 버니까 자신도 빨리 돈을 벌어야 한다고 스스로를 압박한다. 남들이 돈을 버는 모습은 보이지만 남들이 그 돈을 벌기 위해 어떤 시간을 썼는지는 보이지 않아서 그런 것이다.

간사하게도 사람들은 돈을 벌었을 때는 떠벌리고 다니지만, 돈을 잃기 시작하면 어느 순간 침묵해버린다. 이런 이중적인 모습 때문에 준비 없이 시작해 돈을 잃은 사람의 눈물이 자신의 것이 되리라는 생각을 미처 하지 못한다.

그렇게 돈이라는 목적을 위해서는 시간을 써야 한다고 미처 생각하지 못한 사람들이 늘 걸리는 저주가 하나 있다.

바로 '라면의 저주'다.

2015년도에 비트코인을 샀더라면, 2008년에 애플 주식을 샀더라면, 1997년도에 삼성전자 주식을 샀더라면, 2014년도에 압구정동 현대아파트를 샀더라면, 2017년도에 서울에 무조건 아파트를 샀어야 했는데, 그때 내가 전세로 안 들어가고 그 돈으로 아파트를 샀더라면….

"~했더라면"이라고 입버릇처럼 이야기하는 저주에 걸리는 것이다. 만나는 사람마다 어찌 그리 똑같은지 무한반복되는 노래를 듣는 것 같다. 그들은 마치 무용담처럼 말한다. 내가 사실은 그때 그거 살 뻔했다고, 그거 샀으면 지금 부자가 됐을 거라고 말이다. 지긋지긋하지 않은가?

투자에 성공한 사람들은, 투자하지 못한 이들이 말하는 '~라면'의 지점에 많은 시간을 할애했던 사람들이다. 반대로 당신이 현재 그 지점을 아쉬워하고 있다면, 그 이유는 당신이 그곳에 아무런 시간을 투자하지 않았기 때문이다.

라면을 오늘도 끓이는 이들은 아깝게 기회를 놓친 것이 아니다.
그 기회는 원래부터 당신의 것이 아니었다.
그때 그곳에 투자한 사람들은 운 좋은 사람들이 아니다.
시간을 투자했고, 노력하고 공부했고,
모두가 샴페인에 취했을 때 인내하며 기다렸고,
마지막에는 마음의 결정을 내리고
돈을 잃을 가능성이 있음에도 용기 내어 투자해서
결국 좋은 성과를 받아들었던 것이다.

이렇게 내가 목 놓아 이야기해본들, 대부분의 사람들은 이 말을 듣고도 아무런 행동의 변화가 생기지 않을지도 모른다. 또 시간을 돈이라는 목적이 아닌 다른 곳에 의미 없이 흘려보낼 것이다. 그리고 10년이 지나서 또다시 말할 것이다. 그때 그걸 샀어야 했다고, 나도 살 뻔했다고 말이다.

이 라면의 저주가 단순한 아쉬움에서 끝나면 차라리 다행이다. 더 큰 문제는 그 저주에 빠진 결과, 이번에는 후회하지 않으려고 '아무런 준비 시간' 없이 바로 투자에 뛰어드는 데에 있다.

평생 모은 재산을 한 번도 알아보지 않은 가상화폐에 넣는다. 남들이 알려주는 출처도 없는 정보만을 믿고 전 재산을 이름 모를 회사에 투자한다. 감당할 수 없을 정도의 대출까지 받아가며 일단 집을 사려고 한다.

마치 가상화폐가 알아서 끊임없이 상승할 것처럼, 마치 이름 모를 회사에 관한 비밀정보가 정말 고급 정보여서 자기 재산이 순식간에 증식할 것처럼, 부동산 불패이기에 결국 언젠가는 나도 부자가 될 것처럼. 시간을 투자해야 한다는 기본을 망각한 채, 인생에서 가장 중요한 목적을 이루기 위해 근거 없는 믿음과 지식 없는 예측만을 앞세우는 꼴이다.

본질로 돌아가야 한다. 원래 알고 있던 가장 기본적인 사실을 다시 기억해내야 한다. 모든 성취는 시간이라는 토양 위에서 자라난다. 시간 없이 이루어지는 것은 쓸데없는 망상뿐임을 기억해야 한다.

시간을 이 시점에 유독 강조하는 이유가 있다. 많은 사람들이 '시간'이 아닌 '시기'에 매몰되고 있는 지금이야말로, 시간이 중요하다는 이 단순한 본질이 가장 필요한 때라고 확신하기 때문이다.

2020년 3월부터 2021년 10월을 기준으로, 어제까지는 누구나 환호성을 지르고 박수를 치는 시기였을 수 있다. 하지만 오늘부터는 엄청난 시련의 시기일 수도 있다. 바라보기에 따라서는 대부분의 사람들이 어서 투자에 뛰어들라고 무작정 외치는 지금이 가장 무서운 시기일 수도 있다.

어쩌면 시간이라는 기본이 무너진 지금이,
앞으로 일어날 붕괴의 첫 번째 '전조'일지 모른다.

하지만 대부분의 사람들은 내 생각을 부정하려 할 것이다. 당장 준비하는 데 시간을 보내라니, 지금 돈이 복사되고 있는데 무슨 말이냐며 반문한다.

사실 이런 반문은 늘 존재해왔다. 그리고 그런 사람들이 맞닥뜨리는 결과도 늘 비슷했다. 서브프라임, IT 버블, 가상화폐 폭락이라는 이름으로 무너졌다. 돈 복사가 가장 찬란했던 시기는 아이러니하게도 한강다리에 가장 많은 사람들이 모여들었던 시기와 거의 겹친다.

그리고 2021년 지금, 또 다른 '그들'이 만들어지고 있다. 전보다 훨씬 많이 그리고 훨씬 광적으로 말이다. 그리고 지금 그들 앞에는 아직 이름은 알 수 없지만 똑같은 절벽이 기다리고 있다. 준비하지 않은 자는 결코 견딜 수 없는 투자의 절벽 말이다.

오늘까지의 시장은 어제까지 준비했던 사람들의 시간에 대한 보상이다. 만약 준비 없이 잠깐 돈을 번 누군가가 있다면, 그건 다른 사람들이 준비했던 시간에 잠시 숟가락을 얹었을 뿐이다. 그런 사람은 이 시장의 끝을 감당할 주제가 되지 않는다.

일찍부터 미리 준비했던 자들은 박수를 치고 서로 고생했다고 격려하며 집으로 돌아가려 하고 있다. 파티가 끝나가는 이제야 당신은 왜 그곳에 도착하려 하는가? 거기에는 이미 술도 떨어졌고 먹을 것도 미리 온 사람들이 다 가져갔다. 사은품도 없다. 미리 도착해서 기다렸던 사람들이 다 가져갔으니 말이다. 지금 도착해서 버티고 있어봐야 그들이 먹은 음식값을 당신이 고스란히 지불하는 상황이 올 수도 있다.

저주하려는 것이 아니다. 늘 존재했던 역사를 말할 뿐이다. 영원히 상승했던 투자물 따위는 없다. 값이 오른 투자물은 언제나 하락하기 마련이다. 산이 가파르면 골이 깊다는 말처럼 말이다. 지금의 투자 시장의 전반적인 상승률을 보고 있자면 이번에 다가올 하락역시 깊을 것이 분명하다. 다음 절벽에서는 너무 많은 사람들이 아파할까 봐 솔직히 걱정된다. 준비 없이 막판에 파티에 들어간 자들의 한숨은 너무나도 클 것이다.

거듭 강조한다. 이 시기에 우리가 해야 하는 일은 한 가지다. 투자하기 위해서, 돈을 목적으로 두는 삶을 살기 위해서, 본질을 기억해야 한다.

모든 목적은 그것을 이루기 위한 시간이 필요하다.
우리는 아직 충분한 시간을 투자에 사용하지 않았다.
이제부터라도 부자가 되는 목적을 이루기 위해
돈이 아닌 시간을 사용하겠다고 다짐해야 한다.

만약 당신이 여기에 동의한다면, 고맙다. 그렇게 다짐한 당신에게 지금부터 그 시간을 어떻게 사용해야 하는지에 대해 이야기해보려 한다.

4.

시간이란 열심히
쓰는 것이 아니라
똑 부러지게
쓰는 것이다

목적을 이루기 위해서는 시간이 필요하다는 이야기에서 이어가보자. 돈을 목적으로 삼았다면, 투자가 눈에 보이기 시작했다면, 투자로 돈을 번다는 목적을 이루기 위해서 역시 시간이 필요하다.

달리 말해 목적을 이루기 위해서는 목표를 이루기 바로 직전에 해야 하는 행동이 무엇인지 고민할 것이 아니라, 목표까지 도달할 수 있는 길을 찾아 준비를 시작해야 한다.

마치 대학을 목표로 했다면 수능 공부가 아닌 수학부터 배워야 하는 것처럼, 취업을 하기 위해서는 무작정 입사지원서부터 쓸 것이 아니라 토익과 같은 어학시험이나 자격증을 준비해야 하는 것처럼 말이다.

언뜻 들으면 차근차근 준비하라는 말로 들릴 것이다. 주식을 하기 위해서 먼저 기법이나 차트 보는 법과 같은 기본을 배우라는 말처럼 들릴 것이다. 부동산을 사려 한다면 부동산 용어부터 하나씩 배워보라는 말처럼 들릴 것이다.

만약 그런 말들을 할 거라면 나는 처음부터 이 책을 쓰지도 않았다. 위의 말이 틀린 건 결코 아니지만, 그런 말은 시장에 이미 충분히 넘쳐나기 때문이다. 당신의 귀중한 재화를 이미 알려진 이야기를 다시 읽는 데 소비하게 만들고 싶지는 않다. 무엇보다 차근차근이라고 하는 것은 내 성향에 맞지 않다.

나는 누구보다 노력했다고 자부하지만, 한 번도 차근차근 노력한 적은 없었다. 천성이 게으르기에 언제나 최고 효율을 고민했다. 남들이 얌체라고 말하는 지름길만 고민하며 살아왔다. 투자 역시 마찬가지다.

세상에 지름길은 없다고 하지만 나는 반대다.
지름길 없는 길이란 존재하지 않는다.

그런 내가 시간을 쓰는 것에 대해서 주장하고 싶은 것은, 시간의 양이 아니라 시간의 효율이다. 그래서 나는 지금부터 당신에게, 효율적으로 투자하기 위해 시간을 어떻게 써야 하는지에 관해 내 요령을 나누고자 한다.

가장 먼저 알려줄 시간 쓰는 비법은 이것이다.

자신의 시간을 쓰면서
최대한 스트레스 받지 않는 방법을 찾을 것!

여기 두 사람의 개그맨이 있다고 가정해 보자. 두 사람이 잠든 시간은 새벽 2시로 같다. 한 사람은 개그 아이디어를 내기 위해 아침 7시부터 눈 뜨고 일어나 준비를 한다. 그는 천성이 부지런해서 일찍 일어난다. 몸을 단정하게 해야 일이 잘되므로 샤워하는 데 한참의 시간을 쓴다. 주변이 깨끗해야 일이 잘되므로 책상 정리부터 시작해서 청소기를 돌리고 바닥을 닦는다.

이렇게 주변을 정리하는 데 한참의 시간을 쓰고, 빈속에는 머리가 안 돌아가니 아침을 국과 5첩 반상으로 차려 챙겨 먹는다. 아침 7시에 일어났지만 개인 정비를 끝낸 오후 12시 즈음에 드디어 본격적인 개그 아이디어 회의를 시작한다. 이게 한 개그맨의 일상이다.

여기 또 한 사람의 개그맨이 있다. 어제 새벽 2시까지 넷플릭스로 평소 즐겨 보는 미드나 영화를 맘껏 보고 잠이 든다. 실컷 늦잠 자다가 오후 12시쯤, 눈을 비비며 일어나자마자 개그 아이디어를 짜기 시작한다. 그는 아이디어 회의가 일이라고 생각하지 않는다. 단지 무대에 서는 것이 재미있을 뿐이다.

자, 이 두 사람 중 성실한 사람, 노력하고 있는 사람은 누구일까? 언뜻 보기에 전자일 것이다. 그렇다면 질문을 달리해보자. 시간을 잘 쓰고 있는 사람은 누굴까? 여전히 전자일까? 많은 이들이 여전히 전자라고 생각할지 모른다.

대부분의 사람들은 후자와 같은 개그맨을 게으르다고 단정 짓는다. 게으르기에 시간을 잘 쓰고 있는 사람이라고도 생각지 않는다. 결국 전자가 노력하고 있는 사람이고, 시간을 잘 쓰는 사람이 되어버린다.

이게 바로 옛날의 사고방식이다. 착각이다. 노력하는 것과 시간을 잘 쓰는 것은 전혀 다른 말이다. 오히려 전자야말로 일찍 일어났기 때문에 부지런한 사람으로 보이지만, 일하기 전까지 일과 상관없는 행동들을 오히려 많이 했다. 그 시간에 했던 어떤 행위도 일과 직접적인 관련이 없었다. 일에서는 오히려 전자가 게으른 사람이 될 수 있다.

반면 후자의 사람은 일어나자마자 일을 시작했다. 일의 효율만을 놓고 본다면 일어나자마자 일을 시작하는 사람이, 일을 시작하기 전까지 루틴처럼 여겨지는 다양한 일들을 쳐내느라 정작 본업을 위한 에너지가 소진된 사람보다 훨씬 우위에 있다. 후자가 일을 훨씬 효율적으로 하는 사람일 수 있다.

그럼에도 세상은 늦게 일어났다는 점 하나만을 꼬투리 잡아서 후자를 게으른 사람이자 노력하지 않는 사람, 시간을 효율적으로 쓰지 않는 사람으로 치부해 버린다.

두 사람의 개그맨 중 누가 더 성공할지는 모른다. 하지만 만약 후자의 친구가 더 큰 성공을 거둔다면 그가 들을 말은 아마도 한 가지일 것이다. '참 운이 좋다'는 폄하와 조롱이다. 게으른데 운은 좋다고 말이다.

그가 운이 좋은 걸까? 결코 그렇지 않다. 후자가 더 성공한다면 이유는 단순하다. 스트레스 없이 자신의 시간을 소비함으로써 시간 대비 최고 효율을 끌어냈기 때문이다. 시간은 양적으로 평등하나 질적으로 평등하지 않다. 후자의 시간의 질이 전자보다 압도적으로 높다. 스트레스받지 않고 시간을 쓰는 방식을 찾아냈기 때문이다.

당신에게 시간을 사용하라며 첫 번째 전하고 싶은 말은, 스트레스받지 않고 시간 쓰는 방법을 고민하라는 것이다.

다시 두 개그맨의 이야기로 돌아가 보자. 일의 시작이 오후 12시로 동일하다면 후자의 개그맨은 스트레스가 없다. 피곤한 몸을 이끌고 아침 일찍 일어난 사람보다 훨씬 많은 양의 수면을 취했고, 눈을 뜨자마자 일하기 시작했으니 일에 대한 스트레스도 없다. 전자의 개그맨은 청소하면서, 샤워하면서, 밥을 먹으면서, '일해야 해'라는 심리적 부담까지 안고 있었을 것이다. 반면 후자는 스스로 발견한 것이다. 자신의 시간을 스트레스받지 않고 최고 효율로 사용할 수 있는 방법을 말이다.

시간은 이렇게 후자처럼 써야 한다는 것이 나의 지론이다.

이런 지론이 생긴 이유는 단순하다. 내가 게으르기 때문이다. 인정한다. 나는 게으르다. 아니 이렇게 표현하니 나를 높게 평가한 것 같다. '엄청나게'라는 단어를 붙여야겠다. 나는 '엄청나게' 게으르다. 하기 싫은 일은 죽어도 하기가 싫다. 그런 내게 세상에서 가장 하기 싫은 일이 무엇이냐고 묻는다면 노동이라고 하겠다. 나는 이 세상의 모든 노동이 너무 힘들다고 생각하고, 어떻게 하면 노동을 안 할 수 있을까 고민한다.

하다못해 마트에서 필요한 생필품을 사서 집으로 무거운 짐을 들고 오는 아주 단순한 노동조차 너무 짜증이 난다. 아침에 일찍 일어나는 것이 너무 싫다. 아침에 방송 스케줄이 잡히면 전날 밤부터 스트레스를 받는다. 왜 돈을 버냐고 묻는다면 일하지 않기 위해 일해서 돈을 번다고 답하는 게 나다.

내 꿈은 침대다.

세상에서 가장 하기 싫은 일이 노동이다.

아무 일도 안 하고 침대에 누워서 휴대전화를 보고, 지겨우면 TV를 켜서 채널을 30번쯤은 돌린다. 넷플릭스를 켜서 새로운 미드가 나왔나 살펴보다가, 특별히 볼 게 없으면 다시 끄고 휴대전화를 본다. 배가 고프면 그냥 배달을 시켜서 한 끼를 때운다. 비가 오면 라면이 먹고 싶은데 끓여 먹는 것조차 귀찮아서 컵라면을 먹는다. 침대에서 만화책을 보고, 물이 떨어지면 마트에 전화를 걸어 즉석밥과 함께 시킨다. 라면에 밥을 말아 먹을 용도로 말이다.

대신 이 게으름을 통해 내가 하고자 하는 일을 할 에너지를 비축한다. 스트레스 없이 시간을 온전히 쏟을 한 지점을 발견하고, 게으름을 통해 그 지점에 온 힘을 쏟을 준비를 하는 것이다.

그런 나이기에, 하고 싶은 일이 걸리면 달라진다. 목적이 생기면 다르다. 한창 공개 코미디 무대에 섰을 때는 개그를 만들어서 무대에 올리는 것이 단 한 번도 일이라고 생각해본 적이 없다.

그게 개그에서 요즘의 관심사인 투자로 바뀌었을 때도 똑같았다. 아침에 일어나 눈을 뜨자마자 모든 신문과 TV에 나오는 경제 관련 소식을 보는 것이 너무나도 즐거웠다. 하루 1000개의 경제 기사를 보는 것이 목표가 아닌 순수한 즐거움이었다. 누가 시킨 것도 아니다.

목적이 생기면서 '게으르다'라는 단어는 '초집중'이라는 단어로 대체되었다. 이 모든 것은 게으름을 통해 확보한 여유로부터 출발했다.

누구보다 게으르기에
하고 싶은 일에 쓸 '온 힘'이 늘 남아 있었다.

당신 역시 마찬가지였으면 좋겠다. 당신의 게으름을 받아들이고, 당신의 시간을 사용하는 과정에서 억지로 스트레스받으며 정작 중요한 일을 낮은 질로 해내지 않기를 바란다. 스트레스를 받지 않고 높은 질로 일을 해내는 당신만의 패턴과 방법을 찾았으면 좋겠다.

기억해야 한다. 시간은 차근차근 쓰는 것이 아니라 자신만의 방식으로 똑 부러지게 쓰는 것임을.

5.

투자를 위한
첫 번째,
투자와 거리두기

바로 앞 장에서 시간의 양이 아닌 효율이 중요하다는 얘기를 했다. 효율적으로 시간을 쓰는 첫 번째 요령으로 '질 높은 시간을 쓰라'는 것을 꼽았다.

그리고 이어서 두 번째로 하고 싶은 이야기는 이 '효율적인 시간 활용법'과 '투자'를 엮어서 만든 행동 요령이다. 정리하자면, 투자를 위한 최고 효율의 시간 소비법 정도가 되겠다.

투자에도 최고 효율을 내는 시간 소비법이 있다.

미리 말하지만, 이 이야기는 지금까지 당신이 들었던 투자 격언과는 완전히 다를 것이다. 수많은 전문가가 말하는 것과 반대되는 이야기일 것이다. 나는 전문가가 아니기에 내 말이 맞을지 장담할 수는 없다. 기존에 시장에서 하는 이야기와는 다르기에 반론 역시 얼마든지 있을 수 있다.

내가 무조건 맞다고 이야기하지는 않겠다. 다만 나는 내가 정확하게 경험한 것만 말하겠다. 실제로 이룬 목표만을 말할 것이고, 달성한 결과만을 설명할 것이다.

그러니 앞에 설명한 개그맨의 예처럼 아침 일찍 일어나지 않았으니 게으른 사람일 것이라고 단정 짓지 말고 들어 주었으면 한다. 투자는 최소한의 시간으로 최대한의 효율을 끌어내는 것이 가장 좋은 방법이기에 그것에 대한 말을 하고자 한다.

투자라는 목적을 이루기 위해 당신이 지금 해야 하는 최고의 시간 소비법은,

지금 당장 투자에서 손을 떼는 것이다.

지금부터 당신은 투자에서 완전히 벗어나야 한다.
투자를 쉬어야 한다.
이것이 내가 투자에서 성공할 수 있었던 비법이고,
이것이야말로 당신이 투자를 위해

가장 효율적으로 시간을 쓸 수 있는 유일한 방법이다.

거듭 말한다.
당신이 투자로 성공하길 원한다면,
지금 당장 투자에서 손을 떼야 한다.

투자를 하라고 말했으면서, 가장 빠른 길을 알려준다 말했으면서, 오히려 투자하지 말고 잠시 쉬라니 이해가 되지 않을 것이다. 황당하고 어이없기까지 할 것이다. 어쩌면 이 말에 화가 날 수도 있다. 하지만 확신한다. 이 이야기를 전부 들을 때쯤이면 당신의 무릎을 탁 치게 만들 수 있다.

왜 당신이 쉬어야만 할까?
쉬어야만 투자를 성공으로 이끄는 방법을 마주할 수 있기 때문이다.
나는 이것이야말로 대부분의 평범한 사람들이 부자가 되는 가장 빠르고 확실한 길이라고 생각한다. 투자하지 않고 쉬어야 부자가 될 수 있다는 이 역설이 어떻게 가능할까?

대부분의 평범한 우리들은
돈을 벌고자 하는 욕망이 언제나,

돈을 벌 수 있는 실력보다 크기 때문이다.

아니라고? 아니라면 왜 사람들은 비트코인으로 일순간 부자가 된 이들이(이 중 대부분은 사실 자기가 왜 돈을 벌게 되었는지 알지 못한다.) 개설한 종목 추천방에 모여들까? 왜 슈퍼 개미 누구누구의 리딩방에는 수십, 수백만 원을 주고서라도 들어가려고 할까? 왜 자칭 전문가라는 사람들이 말해주는 부동산 정보를 많은 돈을 들여 사서, 아무 고민 없이 전 재산을 영끌(영혼까지 끌어모았다고 말할 정도로 무리)해서 아파트를 사는 것일까?

모두 마찬가지다. 스스로 투자를 통해 벌 수 있는 능력이 없다는 것은 알고 있지만, 지금 당장 벼락거지가 되기는 죽기보다 싫기에, 정체 모를 누군가의 실력에 기대고 싶은 것이다. 권력에 의지하고자 하는 것이다. 니체가 이 시대를 바라보았다면 말했을 것이다. 결국 모두가 돈 앞에서는 공평하게 비겁해지노라고 말이다.

박민규의 소설에 이런 구절이 등장한다.
'인간은 천국으로 가기엔 너무나 민망하고, 지옥으로 가기엔 너무나 억울한 존재들이다.'
투자에 임하는 사람들 역시 마찬가지다. 투자로 많은 돈을 벌기에는 실력이 민망하고, 실력이 없어 돈을 잃기에는 너무나 억울한 것이 대부분의 사람 아니겠는가.

돈을 벌 실력은 없지만 돈을 벌고 싶은 것, 이것이 우리들의 비겁한 마음이다. 그렇기에 그 마음을 기꺼이 인정하라는 것이다. 그리고 비겁하게 벌 수 있는 방법을 찾으라는 것이다.

내가 찾은 그 방법을 나는 '비겁한 돈'이라고 표현한다.
이쯤에서 비겁한 돈에 대한 명확한 정의를 내리며 넘어가자.

비겁한 돈은 '시장 상승기 초입의 대세감을 레버리지 삼아 벌어들이는 돈'이다.

정체기나 하락기에 돈을 벌 수 없다면, 그럴 실력이 안 된다면, 실력이 없어도 돈을 벌 수 있는 지점이 바로 비겁한 돈이다.
이렇게 말하면 누군가는 비겁한 돈의 실체에 대해 눈치챘을지도 모르겠다. 좀 더 자세한 이야기는 뒤에 다루도록 하겠다.

나는 비겁한 돈이라는 표현을 쓰는 데 주저함이 없다. 나 역시도 비겁하니까. 그리고 우리 모두는 비겁하니까. 하지만 나는 이 돈을 통해 일정한 수준의 부를 이루었으니까. 당신들 역시도 내가 가진 부를 폄하할지언정, 내가 이룬 부를 싫어할 리 없으니까. 무엇보다,

이 비겁함이 돈에 관해서는 결코 잘못되지 않았다고 확신하니까.

사실 내가 가진 돈을 폄하하며 정정당당하게 벌어야 한다고 주장했던 대부분의 사람들에게 묻고 싶은 것은, 과연 투자에 '정정당당'이 어디에 있느냐는 것이다. 투자 실력을 키워서 시장을 통찰하며 돈을 버는 것이 정정당당인가? 실력이 없지만 특정한 계기나 시기를 잘 만나 많은 돈을 벌면 그것은 비겁한 것인가?

모르겠다 나는. 애초에 돈이라는 명사와 정당하다는 형용사를 함께 쓰는 것이 어딘가 어색하다. 돈은 그저 돈으로서 존재한다. 투자에서 돈에 대한 평가는 결과가 전부다. 불법을 저지르지 않는다는 전제하에 말이다.

내게 수익을 주는 투자는
그게 비겁하든 얍삽하든 결국 옳은 돈이다.
내게 손실을 주는 투자는
그 과정이 아무리 빛나더라도 빛 좋은 개살구일 뿐이다.

나는 게으른 동시에 실속을 추구한다. 명분 넘치는 손실보다는, 욕먹을까 겁나서 함부로 자랑할 수 없는 수익이 더 좋다. 그래서 내게 비겁한 돈은 최고의 친구다. 이 친구를 결코 당신이 거부할 리 없기 때문에 소개해주려는 것이다.

비겁한 돈은 투자를 최고 효율로 할 수 있게 만드는 비법이다. 수많은 전문가들은 비겁한 돈을 독이라고 이야기한다. 하지만 그들이 놓치고 있는 사실 한 가지를 통해, 비겁한 돈이야말로 평범한 사람들이 뛰어난 투자자가 되는 최적의 방법임을 말할 것이다. 비겁한 돈을 만나는 순간 누구나 부자가 될 수 있다. 누구나 자신이 원하는 경제적 자유를 얻을 수 있다.

비겁한 돈은 지금도 수없이 떠돌아다니고 있다. 어디선가 자신을 발견할 누군가를 기다리고 있다. 이 돈을 잡아야 한다.

이 돈을 잡기 위한 유일한 방법은 지금 당장 투자를 쉬는 것이다. 지금부터 왜 당신이 투자를 쉬어야 하는지, 비겁한 돈의 실체가 무엇인지, 그 돈을 어떻게 잡아야 하는지에 대해 하나하나 이야기해 보자.

Part II,

평범하게
부자가 되는
유일한 길,
비겁한 돈

1.

투자를 하는 동안
우리는
투자를 보지 못한다

1부 마지막에서는 투자를 성공적으로 완성하기 위해 지금 당장 투자를 쉬라고 말했다. 지금 당장 투자에 대해 공부하기에도 시간이 빠듯한데, 투자를 쉬라는 말이 아직 잘 이해되지 않을 것이다.

당신의 답답함을 해결해주기 위해 결론부터 말해보려 한다. 투자를 알기 위해서는 투자 대상을 객관적으로 바라볼 수 있어야 한다. 무슨 당연한 말을 하냐고 할지 모르겠다. 하지만 이게 생각보다 어렵다. 투자를 하는 동안에는, 우리는 투자를 객관적으로 바라볼 수 없다.

달리는 말 위에서 풍경을 볼 수 없듯이

투자라는 말 위에 올라타는 순간

투자라는 세계의 풍경과 맥락을 제대로 볼 수 없게 된다.

결국 투자를 알기 위해서는

투자에서 잠시 내려와야 한다.

조금 다르게 이야기를 이어가 보자. 살면서 가장 많이 나누는 이야기가 뭐냐고 물어본다면 단연 연애일 것이다. 사람은 죽을 때까지 사랑하며 사는 동물이기 때문이다.

그러고 보면 남의 연애는 참 쉬워 보인다. "내가 해봐서 아는데"가 난무하는 곳 또한 연애다. 우리는 누구나 쉽게 친구들이나 주변 사람들의 연애 상담을 해준다. 우리 모두가 아주 훌륭한 연애 상담가이다. 다른 사람의 연애를 들여다보면 마치 해법을 다 아는 것 같다. 옆에서 지켜보는 게임은 훈수 두기가 편하다.

하지만 아무리 친구에게 상담을 잘해주는 연애 고수라도, 정작 본인이 당사자가 되면 상황이 달라진다. 스스로가 연애를 시작하고 나면, 그간 알았던 모든 연애에 관한 지식들을 잊는다. 남에게 조언했던 대로 하지 않고, 자기의 조언과 반대되는 말과 행동을 한다. 다른 사람에게 해줬던 말과 자신의 행동이 일치하지 못하는 것이다. 그렇게 실패하고 상처받다가, 그 사랑이 끝난 뒤 돌아볼 때에야 비로소 다시 사랑을 알게 된다. 이 지난한 과정을 반복하는 것이 결국 평범한 사랑의 자화상이다.

우리는 사랑을 하기 전까지는 사랑에 대해 다 안다고 여기지만, 사랑을 하기 시작하면 비로소 사랑에 대해 너무나도 몰랐다는 사실을 깨닫는다. 어떠한 일에 빠져드는 순간 우리는 그 일을 객관적으로 바라볼 수 있는 거리를 잃게 된다. 직접 하다 보면 더 잘 알게 된다고 하지만, 그렇지 않다. 빠져 있는 동안 바라보지 못하는 것들이 실상은 더 많다.

이제는 남의 연애를 조언하는 쪽에서 반대로 조언받는 입장이 되어보자. 마찬가지다. 다른 이의 경험담을 듣고 있자면, 연애라는 것이 한없이 쉬워 보인다. 마치 모든 수학 문제에 답이 있는 것처럼, 연애도 수식이나 공식으로 설명이 될 것처럼 느껴진다. 주변 사람들의 이야기가 아니더라도, 당장 시중에 나온 연애 책이나 연애 관련 유튜브 영상을 몇 개 찾아보고 나면, 별것 아닌 문제로 지나치게 날을 세우며 서로 다투는 커플들이 한심해 보인다. 나는 저들과 달리 제대로 할 수 있을 거라고 생각한다.

하지만 막상 내가 연애를 시작하고 나면, 내게 조언해준 친구나 책 혹은 유튜버의 말들에 대한 기억은 온데간데없이 사라지고, 그 하찮고 사소한 일 때문에 머리를 쥐어뜯고 있는 자신을 마주한다.

예전 EBS에서 방송했던 〈그림을 그립시다〉의 밥 로스 아저씨를 기억할 것이다. 그냥 쓱쓱 붓을 가져다 대기만 하면 아무것도 없던 캔버스에 시원한 계곡물이 흐르고 숲이 우거졌다. 모르는 사람이 있다면 유튜브에도 그 영상이 올라와 있으니 한번 찾아보기를 권한다.

영상을 보면, 그가 멋지게 그림을 그리고 난 후에 "참 쉽죠?"라는 말을 자주 쓰는 것을 볼 수 있다. 왠지 모르게 고개를 끄덕이게 되었던 기억이 있다.

나와 같은 세대라면 다들 기억할 것이다. 밥 아저씨가 너무나 쉽게 그림을 완성하는 것을 보고, 나도 안 해서 그렇지 하기만 하면 얼마든지 멋진 그림을 그릴 수 있을 것 같다. 가볍게 터치만 해도 짠 하고 갑자기 나무가 나타나는 모습에 힘입어 스케치북과 물감을 새로 장만한다. 영상에서 본 대로 쓱 터치해본다. 하지만 결과는? 나무도 잔디밭도 아무것도 아니다. 아마 개가 뜯어먹는 풀조차도 그릴 수 없을 것이다.

쉽게 그림 그리는 사람을 보고, 직접 해보지도 않고 뇌 회로를 돌려서 '그림이란 게 원래 참 쉽구나'라고 생각했다면 착각이고 오산이다.

결국 내가 이미 알고 있다고 생각하는 것이든, 그걸 잘 안다고 생각하는 사람이 친절하게 설명해준 것이든, 막상 직접 해보면 제대로 할 수 없는 것들이 세상에는 많이 있다. 그것을 제대로 할 수 없는 이유는, 하고 있는 동안에는 객관적인 거리를 둘 수 없기 때문이다. 일을 행하는 것과 일을 해석하는 것이 동시에 이루어지기 어렵기 때문이다. 행동하는 데에 열중하느라, 제대로 알아나가는 데에는 시간을 투자할 수 없게 되는 것이다.

지금까지의 이야기를 사랑이 아닌 투자로 연결시켜 생각해보자. 투자 역시 투자를 하고 있는 사람과 투자를 하고 있지 않은 사람으로 나누어 생각해볼 수 있다. 전자를 시장 참여자라 부르고 후자를 시장 방관자라 부른다. 투자 역시 마찬가지다. 방관자의 눈에는 쉽게 보이는 것들이 참여자의 눈에는 잘 보이지 않는다.

만약 투자를 어떤 형태로든 시작했다면, 그래서 자기의 자산을 투여했다면, 당신은 그때부터 참여자가 된다. 참여자가 되어 있는 동안에는 수많은 지식과 정보를 더 많이 습득하는 것처럼 보인다. 하지만 제대로 된 해석과 판단을 내릴 수 있는지는 별개의 문제다. 오히려 자신이 보고 싶은 것만 보려 하는 선택적 자각과 해석의 오류를 범하기 쉽다.

가령 삼성 주식을 샀다고 생각해보자. 그 순간부터는 삼성 주가가

십만 원을 돌파할 것이라는 뉴스만 눈에 들어온다. 비트코인에 돈을 넣는 순간 비트코인 1억 돌파설만 눈에 들어온다. 그 외의 뉴스는 자신도 모르게 거부하게 된다. 똑같은 전문가들이 서로 다른 이야기를 내놓아도, 그중 자신이 보고 싶은 것만 보게 된다. 심리학에서 말하는 방어기제이자, 인지적 부조화를 해결하기 위한 본능이다.

결국 연애할 때와 마찬가지로 자신이 보고 싶은 것만 보고, 그 정보를 바탕으로 현재의 투자 상황이 좋을 것이라는 방향으로 해석하며 결론 내리게 된다. 제대로 판을 읽을 수 없는 것이다.

그저 쉽게만 생각해서, 준비 없이 들어가도 판이 좋으니 돈이 복사될 거라고 믿었던 사람은, 판을 제대로 읽어보지도 못한 채 다른 앞선 투자자에게 최고의 먹잇감이 된다. 경솔하게 뛰어들어 된통 당하고는 남 탓을 하는 상황이 벌어진다.

투자 시장이 그렇다. 누군가가 10억을 벌기 위해서는 또 다른 누군가가 10억을 잃어야 한다. 투자 시장은 철저한 제로섬 게임이다. 만약 지금 당신이 갑자기 주식을 시작했거나 갑자기 부동산을 시작했다면, 당신은 이 제로섬 게임에서 철저한 약자이다. 그리고 당신이 참여하는 동안 결코 당신은 강자가 될 수 없다. 참여자에게는 보이지 않는 것들이 강자의 무기이기 때문이다.

방관자에게만 허락되는 것을 볼 줄 알아야 비로소 강자가 될 수 있다.

이 부분에 대해 수많은 전문가들은 오히려 반대로 이야기한다. 투자를 시작해보지 않고서는 투자에 대해 제대로 알기 어렵다고 말이다. 그러니 우선 투자를 시작한 뒤에 해보면서 배워야 한다며, 우리에게 무작정 뛰어들 것을 권한다. 소액으로 투자하면서 감을 조금씩 익혀나가야 비로소 고수가 될 수 있다는 것이 그들의 주장이다. 나는 이 주장에 전적으로 반대한다.

소액이든 거액이든, 돈은 결국 돈이다. 잃어서 마음 편한 돈이란 존재하지 않는다.

1억을 버는 사람이 100만 원을 잃었다고 웃을 수 있을까? 웃는 척하는 것이다. 잃은 자신에 분노할 것이고, 자존심도 상할 것이다. 어떻게든 복구해서 수익을 낸 다음 자랑하고 싶을 것이다. 자신이 어리석지 않았음을, 실력을 증명하고 싶을 것이다.

그렇게 만회하려고 애쓰는 사이에 투자금은 점점 더 올라간다. 배움이 늘어나는 것 같지만, 사실은 손실만 더욱더 커지고 있을 뿐이다. 장기를 두면서 배우는 사람과 장기를 배우고 두는 사람이 붙었을 때, 장기를 두면서 배우는 사람이 이길 확률은 극히 낮다.

전업 투자자들은 장기를 배운 사람들이다.

그들이 당신에게 "두면서 배우라"고 하는 이유는 단순하다.
그래야 당신의 돈으로 시장을 키우고
자신의 이익도 키울 수 있기 때문이다.
누군가 눈먼 바보가 있어야만
자신의 물량을 받아줄 수 있기 때문이다.

투자 세계에는 공산주의란 존재할 수 없다. 모두가 돈을 벌고 모두가 행복한 환경이란 존재하지 않는다. 누군가의 웃음이 곧 누군가의 눈물이 되어야만 한다. 애초에 그런 구조다. 그런데도 무턱대고 시장에 참여하려는 사람이나, 투자는 하면서 배워야 한다는 철학을 가진 사람은, 안타깝지만 가장 먼저 떨어지는 눈물이 될 뿐이다.

비겁한 돈은 투자를 쉬어야만,
투자에 방관자가 되어야만 보이는 지점에 존재한다.
그 지점은 쉬었던 사람에게는 축제의 시작이고,
쉬지 않고 참여한 자에게는 절망의 끝이다.

여기서 말하고자 하는 핵심은, 당신이 방관자가 되어야만 보이는 지점에서 쉬지 않는 한 절대로 비겁한 돈이라는 지점에 도달할 수 없다는 것이다. 앞서 말한 것처럼, 투자를 하는 동안에는 투자를 결코 객관화시켜 볼 수 없기 때문이다.

객관적일 수 없다는 것은 그 대상에 대해 제대로 배울 기회가 없다는 말과 같다. 제대로 배울 수 없는 상태에서는 아무리 오랜 시간이 지나도 그 본질을 깨닫기 어렵다. 그저 그 대상과 보내는 시간만 늘어날 뿐인데, 그것은 익숙해지는 것일 뿐이다. 익숙해진다고 해서 잘 알게 되는 것은 아니다.

본질을 깨닫게 되는 유일한 순간은, 투자를 하다 실패해서 강제로 무대에서 쫓겨나는 경우일 것이다. 소위 말해 깡통을 차는 경우 말이다. 그렇게 투자에서 실패를 맛보고 강제로 멀어져봐야 비로소 자신이 했던 투자를 다시 객관적으로 볼 수 있게 된다.

그래서인지 주식 세계에서는 깡통을 세 번 차야, 즉 주식 계좌가 세 번은 거덜 나야 주식을 알게 된다는 농담이 있다. 나는 이것이 세 번을 실패하는 동안 자연히 배움이 온다는 뜻이 아니라, 각각의 실패로부터 강제로 멀어지면서 얻는 깨달음이 합쳐져야만 비로소 본질을 알게 된다는 의미로 해석한다.

이 어리석은 짓을 우리가 꼭 할 필요는 없다. 이미 시장에 존재하는 강자의 배를 채워줄 먹이가 자진해서 될 필요는 없다. 먹이가 되지 않아도 충분히 배울 수 있다. 지금 당장 투자에서 손을 뗄 수 있다면 말이다.

투자를 하는 동안에는 결코 투자를 알지 못한다는 말을 명심하며, 우선은 투자에서 멀어져보자. 그리고 이 이야기를 끝까지 들어보기를 바란다. 당신을 가슴 두근거리게 만들 부자가 되는 이야기는, 쉬기로 약속한 바로 지금부터 시작될 것이기 때문에.

2.

'쉼' 속에
반전의 기회가 있다

사람은 누구나 편한 것을 좋아하고, 힘들기보다는 쉬고 싶어 한다. 뛰다 보면 걷고 싶고, 걷다 보면 서고 싶고, 서게 되면 앉고 싶고, 앉게 되면 눕고 싶고, 눕게 되면 자고 싶은 게 사람 마음이다. 하지만 지금 시대를 살아가는 사람들에게 '쉼'이란 원하는 것인 동시에 두려움이다. 쉰다는 것이 곧 남보다 뒤처지는 것으로 느껴지는 시대이기 때문이다. 이런 시대에는 쉬고 싶은 본성조차 사치로 느껴진다.

잠깐의 쉼조차 허락되지 않는 이 시대에, 더구나 모두가 미친 듯이 어서 시작하라고 강요하는 투자에 대해 무턱대고 그냥 쉬라니.

머리로는 이해가 되지만 아직 마음으로 거부감이 들 수 있다. 당연한 일이다. 당신이 진정으로 투자를 멀리할 수 없는 이유가 거기에 있으니까. 당신은 아직 한 번도 제대로 쉬어본 적이 없을 테니까.

투자에서 쉼이라는 행위가 당신의 삶 속에 온전히 들어가도록 하기 위해, 여기에 대한 이야기를 해보자.

누군가가 인생에서 가장 힘든 시기가 언제였냐고 물어본다면, 나는 주저 없이 〈개그 콘서트〉를 할 때라고 대답한다. 그것도 지금과는 다르게, 〈개그 콘서트〉가 대한민국 최고의 인기 프로그램 중 하나로 손꼽히던 바로 그 시기 말이다. 시작부터 아이러니하다. 내 이름을 알려준 고마운 프로그램이고, 지금까지 나를 먹여 살려준 프로그램인데 말이다.

나에게 〈개그 콘서트〉는 말 그대로 애증 그 자체였다. 그 시기를 한마디로 요약하라면 나는 '영광'이라는 단어보다 '인내'라는 단어가 먼저 떠오른다. 생존을 향한 처절한 몸부림이었다. 피디의 '불합격' 통보를 '합격'으로 바꾸지 못하면 당장 그날 밤부터 실업자가 되기 때문이다. 관객이 웃어주지 않으면 그 주는 코너가 편집돼버려 소득이 사라진다.

당연한 말이지만 개그맨은 정규직이 아니다. 오히려 일용직이다. 한 주 벌어 한 주를 먹고사는 일용직 말이다. 성실하게 시간을 쏜다고 해서 그 시간만큼 돈을 받는 것도 아니다. 아무리 성실하게 시간을 쏟아부어도 결국 내 생계는 관객의 웃음에 달려 있었다. 그들이 웃어주지 않는다면, 그들이 웃어주지 않을 것이라고 판단되면 하루아침에 실업자가 되는 세계. 그것이 개그맨이 감내해야 하는 현실이다.

어쩌다가 하늘이 도와서 히트 코너를 하나 만들면 사정은 좀 나아진다. 하지만 그것이 영원한 반전이 되지는 못한다. 히트 코너 하나를 만들었다고 해서 관객이 그 공로를 인정해, 다음번에 들고 나올 코너에 웃음을 예약해주는 것도 아니다. 이 세계에는 전관예우가 존재하지 않는다. 언제나 다시 원점으로 돌아가서 시작한다. 또다시 일용직이 되어, 살아남기 위해서 새로운 코너를 짜야 한다.

그렇게 15년이라는 시간을 보냈다.

혹시라도 이 시간에 대해 연민을 느낀다면 그럴 필요는 없다. 나는 그래도 하늘이 도와 그 와중에도 사정이 좋았던 편이다. 어느 정도 성공을 이어가며 지속적으로 출연할 수 있었다. 하지만 그렇지 못했던 동료들은 개그에 쏟은 시간과 노력들을 경제적으로 보상받지 못했다. 오로지 생존하기 위해서 그들에게 투잡은 필수였다. 어떤 동료는 대리운전에 편의점 알바까지 하는 것도 보았다.

비겁한 돈

그러고 보면 참 웃기기도 하다. 전국에서 제일 웃기고 끼가 많다는 친구들을 매년 열 명씩 뽑아놓고, 그들이 편의점 알바나 우유 배달이나 일용직 노동을 할 수밖에 없게끔 기본적인 안전장치 하나 없는 환경에서 경쟁하도록 몰아세우니 말이다. 이거야말로 코미디다. 그만큼 치열한 세계였다.

하지만 더 잔인한 것은 따로 있었다. 가장 경쟁이 치열한 세계에서는, 선의의 경쟁이라고 포장하기 민망할 만큼 서로가 서로에게 잔인해질 수밖에 없었다는 점이다.

내 코너가 통과되어 방송에 나가려면 다른 코너 하나는 없어져야 한다. 이런 세계에서는 '다 함께 잘되자'가 애초에 불가능하다. 먹고살기 위해 더 뛰어야 했고, 내가 살기 위해서는 내가 아닌 다른 누군가가 울어야 했다.

그런 세계에 살았다. 매일 머리가 터질 만큼 아이디어를 짜냈고, 모든 초점은 웃기는 것 하나에만 맞춰졌다. 내가 살기 위해서 '함께'라는 단어를 자신 있게 주장하지 못한 채로 말이다. 그래서 내게는 이 시기가 인생에서 가장 힘든 시기였다.

당연하게도, 이 시기에 나는 쉰다는 생각을 감히 떠올리지도 못했다. 쉼의 중요성을 주장하는 내가 가장 쉴 수 없었던 시기다. 누군가가 좀 쉬라는 위로를 건네면, 제대로 알지도 못하면서 배부르고 한가한 소리를 한다며 도리어 욕할 것만 같았던 시기도 바로 이때였다.

그런데 어느 정도 시간이 흐르고 적응이 되던 즈음, 성공에 대한 하나의 깨달음을 얻었다. 히트작을 연달아 탄생시키고 후속 코너도 반응이 좋았던, 그래서 자신감이 넘치며 비로소 약간의 여유가 생겼던 시기에 얻은 깨달음이다. 깨달음이라지만 실은 그저 단순 명료한 해답이다.

좋은 아이디어란, 치열함과 치열함 사이의 틈에서 나온다.

내가 짰던 좋은 아이디어의 대부분은 치열하던 와중에 잠시 틈을 가질 때 나왔다. 내가 만든 코너들의 핵심 콘셉트 대부분은 고민할 때가 아니라 고민을 잠시 내려놓을 때 나왔다. 도저히 끝이 보이지 않는 아이템 회의를 억지로 중단하고 허탈하게 집으로 돌아가는 길에, 며칠을 못 씻다가 회의 도중 잠깐 나와서 사우나에 멍하게 앉아 있을 때, 하다못해 배가 아파 화장실에 앉아 큰일을 해결할 때, 그럴 때 비로소 코너의 본질을 만드는 핵심 키워드들이 떠올랐다는 것을 어느 순간 깨달았다.

참 아이러니하지 않은가? 열심히 아이디어 회의를 했기 때문이 아니라, 그 아이디어 회의에서 답을 구하지 못해 잠시 떨어져 나왔을 때 그토록 찾고 싶었던 답이 나온다는 사실이 말이다.

하지만 내 지난 경험은 이 아이러니가 진실임을 말해주었다. 나는 전문가가 아니라서 왜 그렇게 되었는지는 알지 못한다. 왜 미친 듯이 노력할 때는 구할 수 없던 답이 오히려 쉴 때 나왔는지는 여전히 내게 미스터리다. 쉼으로써 아이디어가 숙성될 수 있었기 때문인지, 쉼으로써 거리를 두고 더 객관적으로 바라볼 수 있었기 때문인지는 모른다.

다만 나는 받아들였다. 인정했다.
그러고 나니 '쉬어야 하는 이유'에 대한,
'쉼' 자체에 대한 믿음이 생겼다.

이 깨달음 이후 내 삶은 많이 달라졌다. 아주 편안하게 아이디어를 짜기 시작한 것이다. 나는 절대로 쉴 수 없을 것이라 여겼던 그 세계에서 마침내 쉬는 법을 배워갔다.

나와 이 책을 함께 쓴 공저자는 광고인 출신 기획자다. 그가 말하는 요지도 나의 깨달음과 맞닿아 있다. 성공한 광고의 시작은 회의

장이 아닌 술자리에서 나온다는 것이다. 기획은 논리이지만 논리의 발화점은 이성이 아닌 감성에서 시작한다. 시장을 뒤집고 본질을 꿰뚫는 한 줄의 생각은 절대 고통스럽게 머리를 맞대고 앉아 공무원 시험 준비하듯 회의하는 상황에서는 나오지 않는다.

그럼에도 세상은 사람들에게 앞만 보고 달리라고 채근한다. 인간은 경주마가 아니다. 하지만 세상은 자꾸 달리라고 보챈다. 우리는 초등학교 때부터 그렇게 배운다. 그것을 성실하고 열정적인 것이라고 포장한다. 그러다 보니 쉰다는 것은 나태한 것으로, 게으르게 요령이나 피우는 것으로 평가될 수밖에 없었다.

회사에서도 마찬가지다. 주야장천 자리에 앉아 엉덩이로 일하는 사람은 열심히 하는 성실한 사람이 되고, 일을 능률적으로 해서 훌륭하게 끝마친 뒤 자리를 비운 사람은 요령이나 부리고 잔머리 굴리는 사람으로 낙인찍는다. 아직도 그렇다. 직장 상사나 윗사람들은 그놈의 '열심히'만 주야장천 외치며 절대 쉬는 꼴을 보려 하지 않는다. 쉴 새 없이 노력하고 또 노력해서 기발하고 번뜩이는 전략을 짜내라고 말한다. 정작 자신들이 그렇게 노력해도 멋진 전략을 만들 수 없었음을 십 년 넘게 경험해왔으면서 말이다.

우리 사회의 이런 이상한 강요는 우리에게 쉰다는 행위에 두려움을 갖도록 만들었다. 쉬는 것을 두려워하게 되었다. 쉬면 불안해 진다. 누구나 경험했을 것이다. 집에서 혼자 여유롭게 휴식을 즐기고 있지만 왠지 모를 불안과 막막한 두려움에 휩싸여본 경험을.

'이렇게 집에서 아무것도 안 하고 뒹굴거려도 되나?'
'누군가는 이 시간에도 열심히 뛰고 있을 텐데….'
'이러다가 결국 나만 뒤처지는 것 아닐까?'

당신도 이렇게 생각해보지 않았는가? 이 모든 것들이 말한다. 우리는 '쉼'을 두려워한다. 그래서 제대로 쉬는 방법을 모르고, 제대로 쉬지 못한다. 이것이 악순환이 된다. 쉬어보지 못할수록 점점 더 쉬는 것을 두려워하게 된다.

이 고리를 끊어야 한다. 쉬어야 한다. 불안해도 어떻게든 쉬어야 한다. 쉬어야 비로소 삶의 반전의 계기를 만날 수 있기 때문이다.

한 번도 가보지 못한 길은 낯설다.
낯설다는 것은 두려움을 동반한다.
두려움은 가지 못할 이유가 되어 버린다.
하지만 그 두려움을 극복하고 내딛는 한 발을 통해
세상은 언제나 바뀌어왔다.

천하태평하게 들리는 '쉼'이야말로
해보지 않은 일에 대한 도전이자
두려움을 극복하는 용기이며
나의 세상을 바꾸는 시발점이다.

비겁한 돈

3.

'지금이 두 번 다시
오지 않을
좋은 시기'라는 말

당신의 세상을 바꾸게 될지도 모를 쉼에 대해 좀 더 이야기를 이어 나가보자. 개그계의 치열함 속에서 나는 틈새의 가치를 발견했고, 그것을 좀 더 확장해 나가다 보니 모든 놀라운 발전과 성취의 뒤에 쉼이 있었음을 깨달았다. 그 쉼을 보물처럼 활용하기 시작했다. 그 결과 개그맨이라는 본업을 떠나 투자라는 새로운 세계로 안전하게 도착할 수 있었다.

내가 경제 공부를 시작한 것과 투자의 길을 볼 수 있었던 모든 계기는 개그를 쉬었던 데 있었다. 정확히 말하면 잠시 멈춰선 덕분에, 내가 딛고 선 테두리 너머에 있는 다른 것들까지도 볼 시간을 벌 수 있었다. 생업인 개그를 그만두고 쉬었기 때문에 다른 무언가를 생각할 수 있는 원동력을 얻었다.

〈개그 콘서트〉를 떠나면서 이런저런 생각을 했기 때문에 대학원에 들어가 경제 공부를 시작할 수 있었다. 경제에 관심 갖고 그곳으로 눈을 돌리면서 투자를 알아갔다. 자의든 타의든 이 시기가 있었기에 부동산 상승기의 초입을 마주할 수 있었고, 코로나19 팬데믹 이후로 엄청나게 반등한 주식 상승기에 참여할 수 있었다. 생업에 치여서 쉬지 않고 계속 달리기만 했다면 그냥 놓치고 지나가는 순간이었을 것이다.

실제로 나는 그런 순간을 한 번 지나쳐 보냈다. 2008년 〈개그 콘서트〉에 내 모든 것을 올인하면서 '황현희 피디의 소비자 고발'이라는 코너를 만들어 그해 연예대상에서 상을 받았다. 하지만 쉬지 못하고 일에만 매진했기 때문에 가파르게 반등하는 주식 시장을 알아보지 못했다.

그렇게 인생에서 쉽게 만날 수 없는 절대절호의 투자 기회를 나는 이미 한 번 놓쳤다. 서브프라임 모기지론이 뭔지도 모른 채로 지나쳤다. 시간이 지나 쉬면서 경제 공부를 시작하고 보니 2008년과 2009년이 얼마나 좋은 투자 기회였는지를 알게 되었다.

이쯤에서 애매할 수도 있는 '쉼'의 정의를 한번 내려 보자. 지금현재 생계를 위해 일정한 대가를 받는 노동에 대해 생각하는 것이 아니라, 머리를 비우고 미래를 생각하며 고민하는 시간을 갖는 것이 쉬는 것이다. 현재 돈을 벌기 위한 노동에 쓰는 시간을 제외한 모든 시간을 말한다. 그러므로 공부하는 것 역시 쉼의 범주 안에 넣을 수 있다. 그것이 내가 이제껏 경험해보지는 않았지만 앞으로 즐거울 수 있는 일을 새로 찾아내고 준비하기 위한 시간이라면 말이다. 즉,

쉰다는 것은 당장의 경제적 연결고리와 이어져 있지 않은
모든 일을 하는 시간이다.
그리고 그 '쉼'은 멈추는 행위 그 자체가 아니라,
멈추는 행위가 나아갈 방향성으로 결정된다.

승진하기 위해 토익 공부를 하는 것은 쉬는 게 아니다. 하지만 새로운 언어를 배우고 싶어서 내 현재의 업과는 상관없이 영어 공부를 한다면 쉬는 것이다.

지금 당장 투자를 쉬라는 말도 이에 대입해보면 더욱 의미가 명확해진다.

현재의 투자가 수익으로 연결되는 모든 행위를 멈추라는 뜻이다. 주식에 돈을 넣었다면 주식에서 돈을 빼고,

비겁한 돈

코인에 돈을 넣었다면 코인에서 돈을 빼라는 뜻이다. 어떤 식으로든 내가 하는 행위가 수익률로 직결되는 그 모든 고리를 끊으라는 뜻이다.

그게 끊어지고 난 뒤에 하는 모든 행위는 쉼이 될 수 있다. 코인에 돈을 잔뜩 넣은 채 코인 관련 뉴스를 뒤적이는 것은 쉬는 것이 아니다. 반면 자신이 코인에 단 1원도 투자하지 않았지만 단지 흥미가 있어서 뉴스를 찾아보거나 영상을 찾아보는 행위는 쉼의 행위다.

여전히 반문하는 사람도 있을 것이다. 특히 투자와 관련해서 수익과 연계된 모든 활동을 멈추라는 말에는 반감이 심할 수도 있다. 너도나도 그냥 넣기만 하면 돈을 긁어모으는 세상인데 손 놓고 있으라는 게 말이 되느냐고 말이다. 지금 이때 돈을 벌지 못하면 아파트는 대체 언제 월급을 모아서 사느냐고 말이다. 당장 내 친구가, 내 상사가, 심지어 내 부하직원이 매일 자산을 늘리는 중인데, 나만 혼자 뒤처지는 게 말이 되느냐고 말이다. 바로 이런 생각 때문에 쉬어야 한다는 말에 저항감이 느껴질 수 있다.

그 생각을 지금부터 하나씩 바꿔보겠다. 앞서 말한 것처럼 쉼에 대해 우리가 갖는 반감에는 두 가지 의미가 포함되어 있다. 다시 말해 지금 절대 투자를 쉴 수 없다는 주장에는 두 가지 주요 근거가 존재한다.

1. 지금이 정말 좋은 시기라는 것.
2. 이 시기가 두 번 다시 오지 않을 수도 있다는 것.

결론부터 말하자면, 두 주장은 모두 틀렸다.

그리고 이 두 가지가 모두 틀렸음을 깨달을 때 비로소 쉴 수 있다. 비로소 돈을 벌 수 있게 된다.

지금이 좋은 시기라는 말부터 살펴보자. 투자에서 지금이 정말 좋은 시기일까? 좋은 시기'였다'가 맞는 표현이다. 앞으로는 알 수 없는 시기가 될 것이다. 물론 좋은 시기가 계속될 수도 있다. 하지만 반대로 나쁜 시기가 찾아올 수도 있다. 이 말을 이해하기 위해서는 다음 사실을 기억해야 한다.

세상의 모든 투자물에는 사이클이 있다.

인간이 투자라는 세계를 창조한 이후로 지금까지 절대 변하지 않는 진리가 하나 있다. 바로 세상 어디에도 영원히 상승하는 투자물도, 영원히 하락하는 투자물도 존재하지 않는다는 것이다. 모든 투자물은 일정 수준까지 상승한 뒤에는 다시 하락하게 되어 있다. 또 일정 수준까지 하락한 뒤에는 다시 상승하게 되어 있다.

그 이유를 정확히 설명하자면 책 한 권으로 모자랄 지경이다. 단지 투자물의 상승과 하락은 본질이 아니라 인간의 욕망이 만든 결과물이라는 말 정도로 대체하고자 한다. 즉 투자물의 현재 가격은 더 오르리라는 인간의 기대가 들어갔을 때 상승하고, 이 정도면 너무 많이 올랐다는 불안이 들어가면 하락한다. 즉 기대감이 가격 상승을 이끌고, 불안감이 가격 하락을 이끈다.

기대와 불안이라는 것은 인간의 욕망이자 본능이다. 이 본능은 10만 년 전이나 지금이나 크게 변하지 않았다. 만약 10만 년 전에 투자라는 행위가 있었다 하더라도, 그 투자물의 가격 변동 메커니즘은 지금과 크게 다르지 않았을 것이다. 인간의 본성이 변하지 않았기에, 본성이 주요 원인으로 작용하는 투자물의 가격 변화 양상 또한 변하지 않는 것이다.

그래서 투자물의 가격 변화는 늘 일정한 패턴을 가진다. 모든 투자물은 시작기 – 상승기 – 정체기 – 쇠퇴기라는 패턴을 가진다.

여기까지 이해하고 지금의 투자 시장을 다시 바라보자. 지난 2년간 주식, 비트코인, 부동산 등 대부분의 투자물은 전에 없던 호황을 맞이했다. 이 지점이 위의 패턴 중 어디쯤에 해당할까?

확실한 것은, 이미 상승기의 초입은 훌쩍 지나왔다는 사실이다.

지금은 아마 상승기와 정체기의 어디쯤일 것이다. 여기서 더 상승할지 아니면 정체기를 맞이하고 하락기를 거칠지는 알 수 없다. 이것은 신의 영역이다.

하지만 분명히 단정 지을 수 있는 것은,
지금이 어떤 시기인지 알 수 없다는 사실만으로 이미
좋은 시기라고 단정할 근거는 사라졌다는 것이다.
말 그대로 지금은 좋은 시기가 아니라
알 수 없는 시기인 것이다.

지금이 좋은 시기라 믿고 투자를 시작한다고 생각해보자. 운 좋게 상승기가 이어져 돈을 벌 수도 있다. 하지만 만약 이 시기가 정체기라면? 그래서 하락기가 앞으로 시작된다면? 당신은 그 하락기를 버틸 수 있는가? 아마 버티지 못할 것이다. 이유는 단순하다. 당신이 만약 오늘 투자를 시작했다면 그 근거는 오직 '시기가 좋아서'라는 판단 하나뿐이었기 때문이다. 즉 당신은 시대에 대한 희망만 있을 뿐, 시대가 변했을 때 대응할 수 있는 대응력이 없는 것이다.

대응력이 없는 이유도 단순하다. 무턱대고 투자를 일단 시작했기 때문이다. 대응하기 위한 그 어떠한 준비도 하지 않았기 때문이다. 어제 코인을 시작한 사람이 오늘 폭락장이 왔을 때 대응할 수 있을까? 이 하락의 그래프가 일시적인지 혹은 장기적인지, 그래서 팔아야 한다면 어느 지점에 팔아야 그나마 손실이 적은지를 판단할 수 있을까? 없을 것이다. 주식 역시 마찬가지이고, 부동산 또한 마찬가지다.

결국 이렇게 시기만 보고 들어온 사람은 투자를 확률 게임처럼 하게 된다. 앞으로의 시기가 아무런 준비도 노력도 하지 않은 나에게도 돈을 벌어다 줄 것이라는 막연한 기대감으로, 불확실한 확률에 모든 것을 내던진 꼴이다.

하지만 투자는 결코 확률 게임이 되어서는 안 된다. 설령 확률 게임을 하더라도 최소한 승률이 높은 게임으로 만들어야 한다. 그런데 당신은 이 확률을 높게 만들 어떠한 준비도 되어 있지 않다. 이것이 지금 당신이 투자를 쉬어야 하는 이유이다.

축제는 이미 시작되었고, 1부는 끝이 났다. 2부가 시작될지 말지 알 수 없는 상황에서, 약자인 당신이 참여자가 되는 것은 굉장히 위험하다.

유명한 투자 격언을 기억하라. 파티가 시작되면 누구도 끝나지 않기를 기대하지만, 모든 파티는 결국 끝이 난다. 파티가 길어질수록 다음날의 숙취 또한 강할 수밖에 없다. 오랜만에 오는 파티는 서서히 끝나가고 있다. 돈을 벌어 떠나는 1%들에게 굳이 차비까지 쥐어줄 필요는 없다.

두 번째로, 이 시기가 다시 오지 않을 거라는 불안감으로 투자에 뛰어드는 경우다. 결론부터 말하자면 이 생각 역시 틀렸다. 지금과 같은 시기는 반드시 다시 온다. 앞서 모든 투자물에는 패턴이 있다고 설명했다. 이 패턴에는 또 다른 특징이 있는데, 바로 반복성이다. 이를 투자물의 사이클이라고 부른다.

흔히들 부동산과 주식은 끊임없이 우상향했다고 말한다. 우상향하는 것처럼 보이는 투자물도 그 과정을 면밀히 관찰하면 상승과 하락의 패턴을 반복하며 조금씩 위로 나아갔다는 것을 알 수 있다.

우상향하는 주식도 반토막으로 하락하는 시기가 존재했고, 집값 역시 어느 순간 떨어지는 지점이 존재했다. 그러다가 시간이 지나면 언제 그랬냐는 듯 다시 상승기를 맞아 회복하거나, 전 고점을 넘어 상승했다. 지금 이 투자 상황도 결국 시간이 지나면서 하락기를 맞이할 것이고, 조금 더 긴 시간이 지나면 언제 그랬냐는 듯이 상승기를 맞이할 것이다.

결국 옆자리 김 대리가 코인으로 돈을 벌었던 시기도, 옆 부서 이 부장이 아파트로 돈을 벌었던 시기도, 주식으로 돈을 벌었던 시기도 결국은 한 사이클을 반복하면 다시 시작된다. 한 번의 축제가 끝이 나더라도, 언젠가는 또 다른 축제가 시작된다.

무턱대고 낙관적인 이야기를 하는 것이 아니다. 투자의 역사를 이야기하는 것이다. 거의 모든 투자물은 항상 상승과 하락을 반복하며 우상향하는 패턴을 보여왔다. 이 점을 이해하면 당신이 지금 당장 투자를 하지 않아도, 확률에 베팅하지 않아도 괜찮다는 안심을 얻을 수 있을 것이다.

낮은 확률에 베팅하는 게임이 아니라 이길 확률이 압도적으로 높은 게임이 기다리기만 해도 시작된다. 그런데도 굳이 평생 모은 소중한 자산을 지금 이 게임에 베팅할 필요가 없다.

사실 이런 말들을 대부분의 전문가나 투자자들은 쉽게 하지 못한다. 미움받기 딱 좋은 말이기 때문이다. 세상에 어떤 전문가가 '여러분, 이제 호시절은 끝났으니 푹 쉬시다가 다음 시기 때 참여하세요'라고 말하겠는가? 누군가가 그렇게 말한다면 대부분의 사람들이 '자기는 떼돈 벌어놓고 우리보고는 빠지라고 하네. 저런 놀부 심보가 어디 있어?'라고 생각할 것이다. 만약 그 전문가가 이미 많은 돈을 번 사람이라면 이런 시기 질투는 더욱 심해질 것이다.

그러다 보니 쉬라는 이야기보다는, 뒤늦게라도 어떻게든 지금의 좋은 시장에 참여해서 흐름을 타고 돈을 버는 방법에 대한 이야기만 차고 넘친다.

그들은 말한다. 어떤 시기이든 상관없이 돈 버는 방법은 다 있다고 말이다. 물론 이 또한 맞는 말이다. 만약 당신이 최고수의 반열에 오른다면 말이다.

실제 몇몇 투자 전문가들은 시장 흐름과 상관없이 돈을 벌어들이는 것을 나도 직접 확인했다. 하지만 그 길이 무척이나 힘들고 어렵다는 것 역시 직접 확인했다. 늘 돈을 잃을지도 모른다는 리스크와도 싸워야 한다. 전업 투자자가 아닌 우리가 그 힘든 길을 함께 갈 필요는 전혀 없다. 쉬면서 기다리기만 하면 적은 리스크로도 돈을 벌 기회가 알아서 열리는데, 굳이 지금 들어갈 필요가 없다.

아무것도 준비되어 있지 않은 당신이 싸워야 하는 것은
시장이 아니라 당신의 조급함임을 명심하기 바란다.

준비된 어제가 있는 투자자는 오늘을 즐길 수 있지만, 오늘만 보고 시작한 투자자는 내일 울게 된다. 당신의 조급함은 결국 당신의 눈물이 되고 말 것이다. 그것만은 막아야 한다. 한번 흘린 눈물도 마음 아프겠지만 그것 때문에 투자라면 학을 떼고 노동에만 집착하게 되는 것이야말로 진짜 불행이다. 앞서 말한 것처럼 노동으로는 결코 삶을 안정적으로 유지할 수 없다.

시장은 늘 존재한다. 어디 가지 않는다. 늘 그 자리에 존재할 것이다. 제3차 세계대전이 일어나 인류가 멸망하거나 외계인이 침공하지 않는 이상은. 시장의 형태는 다양하나 늘 그 등락의 패턴은 반복되어왔다.

당신을 위한 축제는 오늘이 아니라 내일에 있다.

지금까지 말한 두 가지 이야기가 당신의 결정에 부디 옳은 방향의 밑거름이 되길 바란다. 한 번도 쉬어보지 못했기에 투자 역시 쉬지 못하고 막연한 불안감으로 무작정 붙들고만 있는 당신에게 권한다. 최선의 전략은 지금부터라도 쉬어가는 결정을 하는 것이다.

지금 준비되어 있지 않음을 인정하고,
이 시기가 영원하지 않을 것임을 자각하고,
이 시기가 새로운 시작점으로
또다시 찾아올 것임을 의심하지 말고,
일단 쉬어가자.

4.

쉰 자에게만
허락되는 기회의 땅,
비겁한 돈

투자를 잘하기 위해서는 투자를 쉬어야 한다는 이 모순적인 말이 이제는 어느 정도 이해될 것이다. 1부가 끝난 파티장에서 실력 없이 돈을 벌기란 쉽지 않다는 것을 말이다.

당신이 쉬어야 하는 이유는, 쉬면서 때를 기다렸다가 당신에게 가장 유리한 투자 지점을 만나기 위해서다.

그 지점은 바로, 투자의 시작기 혹은 상승 초입기다.

실력 없이도 벌 수 있는 비겁한 돈은
투자의 시작기 혹은 상승 초입기에 있다.

기다려라. 그리고 그때를 만나라.

투자는 독립운동이 아니고 사회운동은 더더욱 아니다. 정직하고 강직한 방법으로 자기 실력껏 돈을 벌 필요가 없다. 조금 더 솔직하게 말하자. 돈은 비겁하게 버는 것이 가장 좋다. 비겁하다는 말의 이면에는 빠름과 편리함도 포함되어 있기 때문이다. 가장 편하게, 또한 현재 수준에서 가장 편리하게 돈을 버는 유일한 방법은 비겁해지는 것이다. 나는 주장한다. 평범한 사람이 돈을 벌기 위해서는 비겁해져야 한다고 말이다. 투자만큼은 성실하게 할 필요가 없다고 말이다.

조금만 생각을 바꾸면, 투자야말로 게으른 자에게 유리한 게임이 될 수 있다. 매일매일 일어나 현재 가격을 확인하며 일희일비할 필요가 없다는 소리다. 느긋하게 상승장을 기다려야 한다. 미리 길목을 잡아 기다리라는 것이다.

손으로 허공에 한 바퀴 원을 그려보자. 그리고 그 원이 패션 유행의 패턴과 사이클이라고 생각해보자. 실제로 패션이 유행하는 데에는 패턴이 있고 사이클이 있다. 그중 어느 한 지점을 정하고, 그 길목을 잡고서 기다린다고 생각해보자. 아무리 패션에 무지하고 옷을 못 입는 사람이라도 몇 년 동안 본인의 스타일을 주야장천 고수한다면, 유행 사이클이 아무리 돌고 돌아도 한 번은 그 지점에서 만날 것이다. 그게 힙합이든 복고든 간에 말이다. 그러면 유행 사이클과 자신의 스타일이 맞아떨어지는 바로 그 시기에 그 사람은 패셔니스트가 될 수 있다. 적어도 한 번은 때를 만난다는 것이다. 지금의 워스트 패션도 시간이 지나면서 베스트 패션이 되는 것을 우리는 너무나 많이 보아왔다. 그래서 흔히 옷을 못 입는 사람을 두고 농담 삼아 이야기하지 않나. 시대를 앞서간 패션이라고.

투자도 완벽하게 이와 맞아떨어진다. 남들이 주식을 할 때 부동산을 보던 사람은, 주식이 끝나고 부동산 상승이 시작될 때 막대한 돈을 벌었다. 비트코인이 나락으로 떨어진 뒤로, 누구도 거들떠보지 않던 코인을 주야장천 사 모은 사람은 이번 시기에 막대한 돈을 벌었다.

극단적으로 이야기하면, 그들이 한 일이라곤 '존버' 말고는 아무것도 없었는지도 모른다. 하지만 존버했기에, 투자 열풍을 뒤좇지 않았기에, 결국 돌고 도는 투자 사이클에서 상승이 시작되는 지점을 만나 막대한 돈을 벌 수 있었다.

다시 패션으로 돌아가서 이렇게 생각해보자. 만약 패션의 유행 사이클에서 한 점을 찍고 기다리지 않고, 계속 흘러가는 유행을 뒤좇아 간다고 생각해보자. 아무 생각 없이 현재의 유행을 따라가는 사람은 절대 유행을 선도하는 사람이 될 수 없다. 뒤따라 다니기만

해서는 단 한 번도 유행의 정점에 설 수 없다는 말이다.

안타깝게도 대부분의 개미 투자자들은 전자가 아닌 후자와 같은 사람이다. 유튜브에서 가장 핫하다는 투자물을 선택하고, 뉴스에서 가장 많이 소개되는 투자물에 올인한다. 누군가의 환호가 들릴 때 그 환호의 그림자를 좇는다. 하지만 명심해야 한다.

시장의 환호는 이미 초입기를 지나 상승기가 무르익었을 때 들린다.

누군가의 환호성이 갑자기 당신의 귀에 들릴 때는 깨달아야 한다. '좋은 장이 다가왔구나'가 아니라, '이제 좋은 때는 지나갔구나'라는 것을. 그 시장에 뛰어드는 것은 이미 유행이 정점을 지나고 있음에도 뒤늦게 그 유행을 좇느라 비싼 돈을 주고 옷을 사는 행위와 같다. 당장은 예쁜 옷을 잘 샀다며 뿌듯할지 몰라도, 얼마 지나지 않아 그 옷은 장롱 속에 고이 잠들게 된다. 공간만 차지하는 낡은 옷이 되어 결국에는 당근마켓에 반값으로 내놓아도 아무도 사가지 않는 골칫덩이가 될 것이다.

투자에도 사이클이 있기에 계속해서 부동산을 보유하거나 주식을 보유하면 유행의 패턴대로 한 번은 걸리게 되어 있다. 그 지점

비겁한 돈

이 엄청난 상승장이 될 것이다. 미리 길목을 잡고 있으면 말이다. 하지만 지금 유행하는 분야만을 지속적으로 따라다니려 한다면 우리는 이미 한 발, 아니 서른 발은 뒤처지게 된다.

상승장을 따라다니기만 해서는 상승장을 만날 수 없다.
시간이 얼마가 걸리든 길목을 지키고 있어야 한다.
다음 상승장을 기다리고 쉬면서 말이다.

새로운 상승장이 오기 전까지 투자물은 반드시 하락기를 거치게 되어 있다. 마치 패션에서 워스트 패션이라는 핀잔을 듣는 시기처럼 말이다. 이 시기에 돈을 넣은 자는 대부분 돈을 잃을 수밖에 없다. 그것이 패션이라면 그저 옷을 못 입는다는 놀림으로 끝나지만, 투자에서는 내 피 같은 돈을 잃게 된다. 그러니 투자에서는 한 종목에 돈을 계속 넣어두는 것이 아니라, 오히려 돈을 미리 빼고 그 사이클을 읽어야 한다.

가장 무서운 것은 조급함이다. '다시 상승장이 열리기까지 얼마나 오래 걸릴지 모르는데 언제 그걸 기다리고 앉아 있겠느냐'하는 마음이다. 이것은 동시에 가장 버려야 할 마음이다. 누군가는 운이 좋아서 아무 예측도 하지 않고 부동산을 샀는데 상승장에 걸릴 수도 있다. 이것은 그야말로 운이다. 하지만 이런 운은 지속적으로 언어걸리지 않는다. 그것을 맞추는 일은 신의 영역이다.

　이렇게 운이 좋아서 얻어걸린 사람이 있는가 하면, 한편으로는 어쩔 수 없이 가지고 있을 수밖에 없었던 사람도 있을 수 있다. 의외로 주변에 부동산, 특히 아파트로 돈을 벌었다는 사람이 많은 것은 바로 이 때문이다. 부동산의 특성상 한번 구입하면 가지고 있을 수밖에 없는 경우가 많기 때문이다.

　애초에 부동산이라는 것이 대부분의 사람에게는 투자만이 아닌 주거의 영역이기도 하다. 어떻게든 집 한 채를 장만하고 나면, 빚을 갚으면서 그 위에 살면 되는 것이 부동산이니까. 그러다 보니 시간이 흐르고 흘러서 자연스럽게 상승장과도 만나게 된다.

　다시 말해 시작점을 알아보는 안목이 있어서가 아니라, 투자 목적이 없더라도 구매해야 하는 거의 유일한 투자물이자, '존버'할 수밖에 없는 이유가 있는 유일한 투자물이 부동산이다. 땅은 거짓말하지 않는다는 말이나, 부동산 불패라는 말은 이런 이유에서 나왔다.

　하지만 다른 투자물이라면 이야기가 달라진다. 요즘 가장 핫하다는 투자물인 비트코인을 생각해보자. 지금은 엄청나게 상승했지만, 이 비트코인도 몇 년 전 피눈물 나는 하락장이 있었다. 2000만 원을 넘던 비트코인이 500만 원도 안 되게 추락했던 시절이 있었다. 그 시기에 잘 모르고 코인에 손을 댄 사람 중 과연 지금의 상승장까지 코인을 가지고 있던 사람이 얼마나 될까? 나는 거의 없다고 확신한다. 그들 중 대부분은 피눈물 흘리며 손절했을 것이다. 코인은 아파트와 다르기 때문이다. 존버할 수밖에 없음과 당장 팔 수 있음의 차이다. 이것은 믿음의 차이가 아니라 특성의 차이다.

주식도 마찬가지다. 하락기가 지나면 언제 그랬냐는 듯 상승할지도 모른다. 하지만 그 하락장에 피 같은 자기 돈이 깎여나가는 아픔을 온전히 견딜 수 있는 사람은 많지 않다. 결국은 약간 오른 타이밍에 손절할 것이다. 그렇게 손해를 볼 것이다.

우리가 비트코인이나 주식으로 돈을 못 버는 이유가 여기에 있다. 투자하는 시점을 생각해 보자. 결국 언론에서 떠들어대고 이미 많이 올랐다는 소식을 접한 뒤에야 우리는 관심을 갖고 투자를 시작한다. 축제가 끝났는데 말이다. 전혀 준비되어 있지도 않은 상황에서, 언론에 나오는 몇 마디와 '누가 얼마를 벌었다더라' 하는 지인의 말 몇 마디로 투자를 시작한다.

그러다가 투자했던 원금을 잃으면 다시는 주식이고 비트코인이고 쳐다도 보지 않겠다며 화를 낸다. 주식을 하는 것은 도박이나 다름없고, 패가망신의 지름길이라고 말이다. 본인이 준비해놓은 것 하나 없이 주변의 말 몇 마디만 믿고서 그동안 고되게 벌었던 돈을 함부로 버린 것인데 말이다.

방송에서도 많은 사람들이 나와 주야장천 떠든다. "여러분 주식 하면 저처럼 망합니다"라고 말이다. "고등어가 됐어요"(반토막) "갈 치가 됐어요"(다섯 토막)라고 말한다. 절대 본인이 잘못한 탓은 없 다. 그냥 투자 자체가 잘못된 것이라고 말한다.

문제는 그렇게 말하는 사람일수록 정작 쉬어야 할 때 쉬지 않고 제대로 살펴보지도 않는다. 그렇게 몇 년을 외면하며 지내다가 다 시 시장이 환호할 때 욕망을 버리지 못하고 같은 일을 반복한다.

스스로 '두 번 다시 쳐다보지도 않을 것'이라고 했던 코인이라는 웬수같은 놈을 다시 들여다보며 망설인다. 폭등 기회를 놓칠까 봐 무섭기도 하지만 과거에 흘렸던 피눈물이 떠올라 선뜻 돈을 넣지 못한다. 2000만 원, 4000만 원, 6000만 원… 천정부지로 오르는 값 이 자꾸 신경 쓰이는 동시에 주변의 자랑도 들린다. 결국에는 참지 못하고 돈을 넣는다.

그 지점은 이미 상승기가 훌쩍 지나간 지점일 것이다. 그리고 다 시 하락기를 맞이할 것이다.

결국은 내가 옳았노라고, 투자는 역시 하는 게 아니었노라고 세 상을 원망할 것이다.

위의 예시는 지어낸 이야기가 아니다. 실제로 내가 아는 지인의 이야기다. 그분은 몇 년 전 비트코인이 1500만 원을 돌파했을 때 코인을 처음 시작했다. 그리고 얼마간 달콤한 수익을 맛보았다. 그때만 해도 자발적으로 코인 전도사가 되어서 주변에 코인 불패를 외치고 다녔다. 모두가 알다시피, 머지않아 코인의 폭락장을 경험했다. 결국 투자한 원금의 반도 건지지 못한 채 손절의 아픔을 맛보았다. 두 번 다시 코인은 쳐다보지도 않겠다는 호언장담과 함께 말이다.

그리고 얼마간의 시간이 지났다. 두 번 다시 코인을 보지도 않을 것이라던 그분이 다시 코인을 시작했다는 이야기를 들었다. 그때가 비트코인이 4000만 원을 넘어 6000만 원을 돌파했을 때였다. 유튜브나 뉴스에 비트코인 관련 이야기가 가장 많이 나오던 시기 역시 내가 기억하기로는 이때이다.

또다시 그분은 거의 끝나가는 파티장에 참여한 것이다.

어쩔 수 없다. 관심을 끊고 사는 사람의 귀에까지 들리기 위해서는 파티장의 소음이 매우 커야 한다. 파티장의 소음이 가장 큰 순간은 그 파티가 클라이맥스일 때다. 클라이맥스가 끝난다면? 이제는 분위기가 정리될 수밖에 없다.

6000만 원경에 장에 들어갔던 그분은 어떻게 되었을까? 지금이

4000만 원이니까 그래도 어느 정도 손실만 보고 말았을까? 틀렸다. 비트코인은 그래도 반토막에서 견디고 있지만 이때 함께 오른 대부분의 알트코인은 현재 최고점 대비 70~90% 가까이 손실이 났다. 그분이 비트코인에만 들어간 건 아니었다. 분산투자라는 개념을 이분은 여기에 적용하시더라. 결과는? 이미 반토막이 넘는 손실을 기록했다.

어떠한가. 과연 이분의 모습이 오로지 그만의 어리석음이라 말할 수 있을까? 이분의 모습에서 우리 자신의 모습이 없다고 장담할 수 있을까? 이분은 결국 제대로 쉬지도 못하고, 그렇다고 투자를 끊어내지도 못했던 많은 이들의 자화상인 셈이다.

오늘날 가상화폐로 돈을 번 사람들의 유일한 공통점은 이것이다. 누구도 비트코인을 주목하지 않을 때 비트코인이 가진 가능성을 알아보고, 이 시장이 절대 망하지 않으리라는 확신을 갖고서 상승 시작기를 기다리며 조금씩 준비하고 있었다는 것이다. 이들은 결코 시장의 환호성에 휩쓸려 움직이지 않았다. 시장이 환호하기 전에 미리 들어가서 크게 환호할 준비를 하고 있었을 뿐이다.

거듭 말한다. 하락장에서 돈을 버는 것은 우리의 영역이 아니다. 이것은 그야말로 투자 전문가의 영역이다. 우리는 투자 전문가가

비겁한 돈

아니다. 지금부터 투자 전문가가 되기 위해 준비한다 하더라도 생업을 포기하고 전업 투자자의 길을 걸을 만큼 여유 있는 삶을 살고 있는 사람들도 아니다. 오히려 노동의 무게를 느끼며 현업에서 현금 흐름을 만들어가는 사람이 대부분일 것이다.

그런 우리가 모두 돈을 벌 수 있는 유일한 시장은 상승장일 때다. 이 사실을 인정하고 받아들여야 한다.

어느 투자물이든 간에 무조건적인 상승은 없다. 역대 최장기간 상승률을 보이고 있는 서울의 아파트도 예외일 수는 없다. 물론 장기적인 관점에서는 우상향일 테지만, 분명히 조정기간은 다시 온다. 조급한 마음에 준비 없이 쉽게 달려들었다가는 후회하기 딱 좋은 시장이다.

투자하기로 마음먹었다면
그 마음만 유지하고 길목을 지켜라.
쉬면서 다음 상승기의 시장을 기다려라.
이것이 당신이 쉬어야 하는 진짜 이유고,
쉬어야만 비겁한 돈을 만날 수 있는 진짜 이유다.

사실 지금까지 한 말은 결코 특별한 비법이 아니다. 오히려 너무나 평범한 말이다. 투자를 한 번이라도 해본 사람이라면 이 말을 듣고 나서 이런 생각이 들 것이다.

'아니, 이걸 도대체 누가 몰라?'

당신의 생각이 맞다. 시장의 상승 초입기를 기다리면 돈을 벌 수 있다는 것은 누구나 아는 당연한 말이다. 그렇다면 한 가지를 더 물어보자. 이 말이 모두가 다 아는 사실이라면, 너무나도 기본적인 상식이라면,

도대체 왜, 당신은 지금까지
상승장의 초입에 들어가 돈을 벌지 못했는가?
10년에 한 번씩 어김없이 찾아왔던 코스피의 반토막 시기에
당신은 왜 돈을 벌지 못했는가?
2020년 3월 19일에 왜 주식 계좌에 돈을 넣지 못했는가?
왜 비트코인을 400만 원에 살 수 있었는데도 사지 않았는가?
왜 서울 중심지의 넓은 평수 아파트가
공실이 넘쳐날 때 사지 않았는가?

비법이란 특별한 것이 아니다. 오히려 평범하고 상식적인 것을 지키는 일 자체가 가장 큰 비법이 될 수 있다. 이 평범하고 상식적인 것을 지키는 사람이, 생각보다 많지 않기 때문이다.

비겁한 돈

평범함을 실천할 수 있는 평범하지 않음, 이것이 특별함을 만든다. 비겁한 돈의 지점은 당신이 익히 알고 있던 '당연함' 안에 존재한다. 특별한 비법에서 특별한 결과가 얻어지는 것이 아니다. 확실한 지점을 만나기 전까지는 투자를 시작하지 않겠다는 결정, 그 당연한 결심이 특별한 결과를 만든다.

결국에는 투자를 쉬면서 시작기의 투자물을 잡는 것이 관건이다. 그렇다면 질문은 자연스럽게 다음으로 이어진다.

시작기를 어떻게 잡을 것인가?

그렇다. 이제야 비겁한 돈을 벌기 위한 제대로 된 질문이 시작되었다.

다음 장을 통해 이 질문의 답을 계속해서 알아가 보자. 확실한 것은, 이제야 비로소 당신에게 제대로 된 질문을 시작하게 되었다는 것이다.

5.

당신이 던져야 할
진짜 질문,
시작기는 언제인가

가장 본질적인 질문이 눈앞에 다가왔다. 부를 얻기 위해서, 돈을 잃는 투자가 아니라 버는 투자를 하기 위해서 반드시 만나야 하는 질문, 바로 비겁한 돈의 지점에 대한 질문이다. 시작기를 어떻게 만날 수 있는가에 대한 질문이다.

미리 말해두지만 여기에서 노량진 일타 강사와 같은 족집게 비법을 알려줄 수는 없다. 정확히는 내가 그걸 알려줄 주제가 되지 못한다. 투자를 통해 남부럽지 않게 돈을 벌었음에도, 나는 남에게 알려줄 만큼 깊은 지식을 가지고 있지는 못하다.

다만 내가 쉼을 가지며 스스로 비겁한 돈을 찾기 위해 노력했던 과정에 대해서는 이야기해줄 수 있다. 이 이야기가 당신에게 하나의 계기나 재료가 되고 당신만의 경험까지 더해진다면, 당신도 나와 같이 비겁한 돈 앞에 설 수 있을 것이라고 생각한다. 결국 투자는 오롯이 혼자 하는 일이다. 자신의 투자는 결국 자신의 생각으로 만들어가야 한다.

나는 비겁한 돈의 가장 기본적인 근거를 투자물의 사이클에서 찾았다. 모든 투자물은 사이클이 있고, 상승기 직전의 모습은 하락기였다. 즉 투자물은 하락기를 거친 뒤에 다시 상승기를 맞이한다는 것이다. 주식도 비트코인도 부동산도 마찬가지다. 결국 이 관점에서 보면,

상승기를 예측하는 가장 좋은 방법은
지금 투자 시장에서
하락기에 있는 투자물을 찾는 것이다.

어느 지점을 하락기로 볼 것인가? 여기에 대해서는 각자 의견이 다를 수 있다. 주식의 경우 누군가는 지수가 반토막 나면 하락기가 끝나는 지점이라고 말한다. 실제로 코스피는 10년을 주기로 반토막을 기록했고, 그 이후 전고점을 돌파하며 우상향해서 지금에 이르렀다.

만약 이 말에 동의한다면 해야 할 일은 비교적 단순해진다. 반토막이 되기를 기다리며 쉬는 것이다. 반토막이 났을 때 어떤 주식을 살지 고민해보면 된다. 일확천금을 바라기보다는 현업에 종사해서 자신의 역량을 기르며 시기를 기다리는 것이다.

누군가는 유튜브를 보면 폭락의 시기를 알 수 있다고 말한다. 그는 다음과 같이 주장한다.

"모든 투자물은 결국 인문학의 영역으로도 설명이 가능하다."

인문학이란 인간의 욕망과 심리를 바탕으로 만들어졌고, 이 두 가지는 만 년 전이나 지금이나 크게 다르지 않다. 결국 인간의 본성을 파악하면 투자물이 언제 폭락할지도 예측 가능하다.

엄청난 폭락 뒤에는 항상 다음과 같은 헤드라인이 나왔다. '우리는 샴페인을 너무 일찍 터트렸다'고 말이다. 이 말을 거꾸로 생각해보면,

샴페인을 터트려야 비로소 폭락이 시작된다.

샴페인을 터트린다는 것은, 어떤 투자물에 대부분의 사람들이 참여했을 때를 말한다. 즉, 더 이상 해당 투자물에 대한 시장 방관자가 존재하지 않은 시점이다. 모든 사람이 시장에 참여하면 어떤 일이 벌어질까? 더 이상 비관론을 쳐다보지 않으려 한다. 인지부조

화를 해결하려고 하는 것이다. 그 순간부터 모든 사람이 공범이 된다. 그들이 원하는 그림은 한 가지다. 희망찬 청사진.

시대가 변하다 보니 과거의 뉴스 채널이나 신문보다 SNS에 훨씬 많은 정보가 빠르게 올라온다. 게다가 유튜브는 조회수가 곧 수익으로 직결되는 특징을 가지고 있어 사람들이 가장 듣고 싶어 하는 이야기가 실시간으로 끊임없이 생산된다. 즉 유튜브는 사람들의 욕망을 가장 가감 없이 솔직하게 보여주는 바로미터인 셈이다. 그래서 유튜브를 보면 사람들이 듣고 싶어 하는 이야기가 무엇인지를 직관적으로 파악할 수 있다.

현재 유튜브를 보면 '코스피가 4000 간다' '아니다, 코스피는 이제 곧 폭락한다'의 두 종류 영상이 계속해서 쏟아지고 있다. 이 말은, 아직까지 폭락이 시작되지 않았다는 뜻이다. 긍정론과 부정론이 같이 있다는 것은 여전히 부정론을 원하는 사람들이 있다는 뜻이다. 이들은 아직 시장에 참여하지 않은 채 망설이는 사람들이다. 이들은 지금이라도 당장 투자 시장이 하락해서 투자하지 않았던 자신이 옳았음이 증명되기를 바란다. 이들이 있는 한 계속해서 비관론이 생길 수밖에 없다.

이런 방관자들마저도 모두 시장에 뛰어들어야 비로소 폭락이 시작된다. 더 이상 코스피를 견인할 자금이 없어지기 때문이다.

이들이 모두 시장에 참여하면 어느 순간 부정적인 전망을 하는 영상들이 하나둘 사라진다. 아무도 자신이 참여한 시장이 망하기를 바라지 않기 때문이다. 그게 인간의 본성이다. 그러고 나면 자신의 선택이 옳았다며 안심하고 싶어 한다. 희망론을 보고 싶어 한다. 모두가 한마음으로 긍정을 외치는 형태, 즉 집단주의와 전체주의가 결합된 메시지가 시장에 나타나게 된다.

이때부터 흔히들 말하는 '국뽕'도 시작된다. 우리가 이렇게 대단하다, 우리나라 코스피가 이렇게 위대하다, 우리는 다른 나라와 다르다는 식의 이야기가 만연하게 된다. IMF 때가 그랬고, IT 버블 때가 그랬다. IMF 때 일본 따라잡기가 코앞이라는 식의 뉴스가 도배되었다. IT 버블이 터지기 직전에는 한국의 IT가 곧 전 세계를 호령한다는 뉴스가 도배되었다. 모두가 공범이 되면 외부의 적이나 경쟁자를 만들어 우위를 표현하며 불안함을 지우고자 한다. 이것은 인간이 가진 변하지 않는 본성이다.

지금까지의 가설을 바탕으로 결론을 한마디로 정리하면 다음과 같다.

유튜브에 어느 순간 경제나 코스피 관련 '국뽕' 뉴스가 가득 차면,

그때가 위기의 직전이다.

만약 이 말에 동의한다면 경제 관련 유튜버들이 어떠한 영상을 올리는지를 지속적으로 관찰하면 된다. 만약 위의 말대로 국뽕에 대한 이야기가 흘러넘치고, 얼마 지나지 않아 폭락이 시작된다면, 폭락의 직후가 바로 당신이 들어가야 할 시작점이 된다.

주식 투자의 대가로 유명해진 개인 투자자 김종봉은 자신의 저서를 통해, 서점에 가면 상승기를 거의 지나간 투자물을 쉽게 알 수 있다고 이야기한다. 서점의 경제경영서 신간 코너나 베스트셀러 코너에 가서 압도적으로 많이 다루고 있는 주제를 보라는 것이다. 바로 그 주제가 상승기의 끝자락에 있는 투자물이다.

이 역시 이유는 간단하다. 이미 그 책을 쓴 사람은 해당 투자물로 막대한 돈을 벌고 난 뒤일 것이다. 책을 쓰고 만드는 데에는 최소한 6개월 이상의 시간이 필요하다. 결국 그 책은 이미 시장 상승기 초입에 진입해서 막대한 돈을 번 사람이, 자신의 후일담을 6개월에 걸쳐 각색하고 난 뒤에 나온 이야기다. 시기상으로 초입기는 완전히 지났고 상승기의 정점일 가능성이 큰 것이다.

그래서 서점 이론을 맹신하는 사람은
베스트셀러 코너에 있는 주제를 보는 것이 아니라,

아무도 보지 않는 구석진 곳에
잠들어 있는 투자물에 오히려 관심을 가진다.

지금은 아무도 관심 갖지 않기에 구석진 자리에 있는 것이고,
아무도 관심 갖지 않는다는 것은,
하락 이후 정체기에 있다는 것이다.

이것은 곧 다시 상승장을 맞이할 확률이 높은 투자물이
그 주제 안에 있다는 이야기가 된다.

이처럼 투자 사이클을 완전히 이해하면 한 투자물이 현재 놓인
위치만 알고 있어도 다음 상승기를 대략적으로 예측할 수 있다. 폭
락 직전의 시기를 알든, 폭락의 끝자락을 알든, 상승의 끝자락을
알든 말이다. 투자물의 현재 시기를 파악하고 다음 시작기를 예측
하는 것이 가장 일반적으로 실천할 수 있는 방법이 되겠다.

두 번째 방법은 지금 시장 외의 것을 발견하는 것이다. 앞으로 시
장에 돈이 몰릴 것 같은 투자물이 무엇일지 미리 고민해보는 것이
다. 길목의 초입에 있겠노라 마음먹었다면 전에 없던 새로운 투자
물을 발견하는 것도 좋은 방법이 될 수 있다. 투자물이라는 것은
시장에 돈이 몰리는 지점이다. 투자 시장이 형성되기 위해서는 돈

을 벌기 위한 인간의 욕망이 어떤 대상에 생겨야 하며, 상승장을 맞이하기 위해서는 그 욕망이 집중되어야 한다. 달리 말해,

인간의 욕망이 어느 지점에 몰리면 새로운 투자물은 얼마든지 생겨날 수 있다.

투자물은 그 자체로 온전한 가치를 지니는 것이 아니라, 거기에 투여된 인간의 욕망에 따라 가치가 만들어진다는 것을 명심해야 한다.

이를 증명하는 아주 재미난 사건이 최근에 일어났다. 가상 부동산 투자 현상이다. 호주 출신의 개발자 셰인 아이작(Shane Isaac)은 구글 어스를 기반으로 지구와 동일한 크기인 가상 지구를 '어스2'란 이름의 메타버스 게임으로 개발했다. 누구나 $10\,m^2$ 단위로 땅을 쪼개 가상의 공간 안에서 자유롭게 사고팔게 만든 것이다.

말 그대로 가상에 불과하여 아무런 가치가 없는데도 해당 게임 내에 존재하는 가상 부동산 가격이 실제 부동산 가격과 연동해서 폭등했다.

출시 초기에 모든 땅값은 동일하게 0.1달러였다. 그런데 2021년 6월을 기준으로 맨해튼의 경우 100달러 이상까지 뛰었고, 한국에도 잠원동이나 해운대구 마린시티 일대가 20달러 이상 올라 200배

이상 가격이 폭등했다. 봉이 김선달 뺨치고 갈 아이러니한 이 상황에 투자의 본질이 숨어 있다.

투자물이란 결코 객관적 지표만으로 가격이 오르지 않는다. 그것이 돈이 될 거라는 기대와, 그것을 통해 돈을 벌고 싶다는 인간의 욕망이 합쳐지면 세상에 존재하는 그 어떤 것이든, 아니 세상에 존재하지 않는 것조차도 투자물이 될 수 있다.

이처럼 사람들의 욕망이 모일 만한 새로운 지점을 관찰하고 발견하는 것도 비겁한 돈의 지점을 찾는 방법이다. 이 방법은 기본적인 인간 욕구를 이해하고 아주 작은 상상력만 발휘하면 누구나 시작할 수 있다.

예를 들어 코로나19 사태로 인한 미국의 양적완화로 인플레이션이 가속화되고 있다. 이로 인해 기름값이 다시 오를 것으로 예상할 수 있다. 그렇다면 기름과 관련된 상품을 들여다보는 것도 좋은 방법이다. 여기에 조금만 상상을 더해보자. 기름값이 오르면 이전에 기름값이 떨어지면서 큰 타격을 입었던 친환경 에너지 사업이 다시 성장할 가능성이 높을 것이다. 친환경 에너지 산업은 이미 많은 하락을 겪었기에, 오히려 여기에 투자 지점을 고민해보는 것도 좋은 방법이 될 수 있다.

또 전에 없던 이상 기후가 심해지는 요즘이니, 아마 앞으로는 곡

물류가 새로운 투자물이 될 수도 있을 것이다. 최근에는 5년 주기로 호흡기 질환이 심해지고 있으니 아마도 앞으로 수년 뒤에 또 다른 호흡기 질환이 나왔을 때 이를 방지하기 위한 상품이 좋은 투자물이 될 수도 있다. 앞서 말한 가상 부동산에 관심이 있다면 메타버스와 관련된 다양한 아이템이 차세대 투자물이 될 수도 있다.

정답이 무엇인지는 알 길이 없다. 그다음 상승기를 맞이할 투자물이 무엇인지를 정확하게 예측할 수 있는 사람은 아마 세상에 없을 것이다. 그 어떠한 책도 이를 말해주지는 못한다. 하지만 한 가지는 확실하다. 다음 상승기를 맞이하는 투자물은 전쟁이 나서 세상이 멸망하지 않는 한 나온다는 것이다. 또 그 투자물은 지금 투자를 쉬면서 고민하는 시간만큼 확실하게 당신의 눈에 뜨이리라는 것이다.

내가 비겁한 돈을 마주할 수 있었던 것은 투자물의 사이클을 예측하는 전자의 방식이 아니라 사람들의 욕망이 모일 만한 새로운 지점을 찾는 후자의 방식 덕분이었다. 이것은 사실 선택이라기보다는 행운에 가까웠다. 아니, 어쩔 수 없는 상황에서 했던 행동의 결과라는 표현이 조금 더 정확할 것이다.

2014년 개그계의 하락세를 온몸으로 맞이했고, 지난 10여 년간 코미디언으로서 보여줄 수 있는 것을 모두 소모하며 스스로의 역량 부족을 실감했다. 앞으로 개그 쪽으로 나의 세상이 더 확장되기는 힘들다고 판단했다.

그때 나는 잠시 이쪽 세계에 투여했던 시간을 돌려, 대학원에 들어가 경제 공부를 시작했다. 경제를 공부하다 보니 문득 부동산 시장이 눈에 들어왔다. 부동산에 관련된 다양한 정보를 접하면서 이 시장이 지금은 하락과 정체기이지만 반드시 다시 올라올 것이라 확신했다.

이유는 여러 가지가 있겠지만 내 판단의 근거는 단순했다. 땅은 한정적이지만 누구나 더 좋은 땅, 더 좋은 건물에 살고 싶어 한다는 인간의 욕망은 무한하고 변함없다. 나는 그 시점부터 부동산 투자를 준비했다. 부동산에 관심이 있어 하락기와 상승기를 예측하는 전자의 방식이 아니라, 경제와 투자에 눈을 돌려 이 시장을 유심히 관찰한 결과 부동산이라는 새로운 시장을 발견한 것이다. 물론 확신이 들기 전까지 단 한 번도 직접 투자에 뛰어든 적은 없었다.

바라보고 나니 내가 주목하기 시작한 시절의 부동산은 하락기였다. 아무도 부동산에 관심 갖지 않았고, 그 어떤 유튜브에서도 부동산을 핫하게 다루지 않았다. 당연히 서점에는 부동산이 아닌 다른 투자물에 대한 책들로 가득 차 있었다.

누구도 주목하지 않고,

누구도 주장하지 않는 그 상황을 보며

나는 이제 곧 이 투자물이 가져다줄

비겁한 돈의 지점이 발생할 것이라 확신했다.

그 결과 미리 길목을 지키며 있다가 최근 몇 년 사이에 있었던 부동산 상승 사이클을 잘 활용할 수 있었다. 말 그대로 이번 부동산 상승기가 내겐 비겁한 돈의 지점이었다. 부동산 지식이 많거나 투자에 대한 역량이 높은 것은 결코 아니었다. 단지 비겁한 돈의 지점을 발견하기까지, 직접 투자하지 않고 시장을 관망하며 쉼을 가졌기 때문에 가능했다.

처음 내가 투자를 시작했던 금액은 2016년을 기준으로 서울에 그 어떤 아파트도 살 수 없었던 돈이었다. 하지만 그 과정을 통해 내가 얻은 수익은 지금 서울에 있는 그 어떤 아파트도 살 수 있을 정도가 되었다. 한 채도 아닌 여러 채 말이다.

내가 능력이 있어서가 아니다. 투자에 임할 때 뒤늦은 환호에 귀 기울이지 않고, 나만이 가진 비겁한 돈의 가능성을 믿은 덕분이다.

그렇기에 나는 비겁한 돈이 가진 가치를 누구보다 높게 평가한다. 비겁한 돈이야말로 그리 많지 않은 돈으로 모두가 원하는 만큼의 부를, 그에 합당하다 여겨지는 능력 없이도 벌어들이는 가장 확실한 방법이기 때문이다. 나는 이미 경험을 통해 이를 체감했다.

사람들의 투자 행동을 보면 참 재미있다. 왜냐하면 정확하게 이와 반대로 행동하고 있기 때문이다. 부동산이 정체기일 때 사람들은 부동산의 내일에 대해 이야기하지 않는다. 비트코인이 침체기에 있을 때에도 대부분의 사람들은 비트코인의 다음 상승에 대해 말하지 않는다.

코스피도 마찬가지다. 다수의 사람들이 투자물에 대해 이야기하기 시작하는 시점은 이미 해당 투자물의 상승기가 중반을 넘어가고 나서부터다. 99%의 사람들이 그렇게 행동한다. 그래서 99%의 평범한 자본은 투자물의 상승기가 끝날 때쯤 시장에 투입된다. 그 덕에 처음부터 준비했던 사람들이 털고 나갈 좋은 토양이 되어준다. 결국 1%의 사람들만이 큰돈을 벌며 이 상승기는 끝이 난다.

늘 그랬다. 지금도 그렇다. 아마 앞으로도 대부분은 그럴 것이다.
그 고리를 끊는 유일한 방법은, 이미 중반을 넘어선 시장에서 고민 없이 돈을 넣고 어떻게든 발버둥 치는 것이 아니라, 차분히 이 시장이 내 시장이 아니었음을 인정하고 다음 시장에 대해 고민하며 기다리는 것이다.

기억해야 한다.

당신이 쉬면서 해야 하는 가장 큰 한 가지는

시장의 다음을 준비하는 것이다.

이미 하락을 맞이한 시장에서 그다음을 발견하든,

아직 아무도 주목하지 않는 곳에서 발견하든,

그것은 당신의 자유다.

지금 투자에서 멀어진 당신만이 누릴 수 있는

온전한 당신만의 자유다.

6.

'운 좋게' 번 돈이
약이 될 때와
독이 될 때

투자를 성공하기 위해서 가장 중요한 것이 무엇인지 꼽으라면 대다수의 전문가들은 실력이라 말할 것이다. 이 말에 대부분은 고개를 끄덕인다. 투자는 투기나 도박이 아니기에, 분명 실력을 갖춘 사람이 그렇지 않은 사람에 비해 성공할 확률이 높다.

하지만 이 말은 여러 정답 중 하나일 뿐이지 유일한 정답은 아니다. 즉, 실력이 있으면 성공한 투자자가 될 수 있지만, 실력만이 유일한 투자 성공의 도구는 아니라는 소리다.

비겁한 돈의 지점을 만나는 것만으로도 얼마든지 성공한 투자자가 될 수 있다. 하지만 많은 사람들이 투자의 성공 요인으로 '시기'를 꼽는 데 주저한다. 오히려 많은 전문가들이 시기를 잘 만나서 성공한 투자는 어쩌다 우연하게 한 성공일 뿐이고, 결국 막대한 손실로 이어진다며 시기의 가치를 폄하한다.

이 잘못된 생각을 깨부숴야 한다. 지금부터 이 시기에 대해 우리가 가졌던 오해를 하나씩 바로잡아보자. 시기를 잘 만난다는 말의 진짜 의미를 알아보고, 시기의 힘이 오히려 투자자로서의 능력까지 갖추게 만들 수 있음에 대해 이야기해보자.

먼저 시기의 진짜 의미는 무엇일까?

여기 두 사람이 있다고 가정해보자. 시계를 돌려 지금은 2014년도다. 한 사람은 그동안 꾸준히 부동산에 관해 공부하며 끊임없이 강남 아파트를 들여다보고 연구했다. 그는 강남 아파트가 오를 시기를 항상 예측해왔고, 시기상 부동산 상승장으로의 반등이 일어날 것이라는 확신이 들었다. 그 결과 오랜 고민 끝에 강남 아파트에 입성했다. 그의 예측은 정확히 들어맞았다. 오랜 시간 동안 공부하고 준비해온 노력의 결실을 얻어냈다. 이렇게 서울의 아파트에 2014~2016년쯤 입성했다면 지금쯤은 어떤 곳이든 무조건 두 배 이상의 수익을 냈을 것이다.

여기 또 한 사람이 있다. 이 사람은 사는 게 바쁘고 늘 일에 치인다. 노동으로 충분히 먹고살 만한 전문직에 종사하고 있으며, 사회 문제나 부동산, 주식과 같은 재테크에도 큰 관심이 없다. 오히려 집 값은 인구가 줄어들고 있기 때문에 언젠가는 떨어지리라고 생각하던 사람이다.

그런데 우연한 기회에 본인이 살고 있는 집 주변에 있는 강남 아파트 분양 소식을 들었다. 그는 그저 더 좋은 새 아파트에서 살고 싶다는 생각으로 분양 신청을 해서 당첨됐다. 지금이야 분양 시장이 불을 내뿜고 있지만, 2014년만 해도 고가의 대형 평수 아파트는 미분양이 나던 시기라 가능했다. 이 사람 역시 아마 못해도 투자금의 두 배 정도는 이익을 봤을 것이다.

이 두 사람 중 누구의 투자가 더 맞을까? 다들 생각할 것이다. 후자의 사람은 그저 운이 좋아서 한 번 얻어걸렸다고 말이다. 하지만 사실 돈의 관점에서 보자면 두 사람의 결과는 같다. 결국 두 사람의 투자 모두 옳은 것이고 성공한 것이다. 왜일까? 어떠한 이유에서든 둘 모두 가장 저점이었던 시점에 부동산을 구매했다. 그것이 투자의 관점인지 단순히 욕구의 관점이었는지는 중요하지 않다. 결국 저점을 잡았고, 부동산 투자 시장이 다시 상승기를 맞이할 때 막대한 수익을 얻었다는 점은 똑같다. 이들의 성공과 실패를 결정한 가장 큰 요인은 결국 시기였던 것이다.

이는 앞서 말했듯, 누구나 좋은 시기를 만나면 실력과 상관없이 막대한 투자 수익을 거둘 수 있다는 뜻이다. 그래서 비겁한 돈을 누군가는 운이 좋은 돈이라 말한다. 단지 운이 좋아서 시장에서 주는 혜택을 고스란히 받았다는 것이다. 맞는 말이다.

하지만 운이 좋은 돈을 함부로 폄하해서는 안 된다.

돈은 곧 돈이다. 수익은 곧 수익이다.
수익에 옳고 그름이 있을 리 없고,
돈에 높고 낮음이 있을 리 없다.

그럼에도 사람들은 운이 좋은 돈을 폄하하고 싶어 한다. 정작 자신은 어느 날 로또가 되거나 친구나 지인이 최고급 정보라도 흘려주기를 바라면서, 남이 운 좋게 버는 돈은 배 아파하고 깎아내린다.

운 좋게 번 돈을 폄하하는 가장 대표적인 방식은 이것이다. 운으로 돈을 벌면 운이 자기 실력인 줄 알고 경솔해져서 결국 큰돈을 잃게 된다는 논리다. 과연 그럴까? 분명 그런 사람들이 있긴 하다. 운으로 반짝 돈을 벌었지만 결국 더 큰 돈을 잃게 되었다는 괴담을 우리는 너무나 많이 접해왔다. 하지만 그렇다고 해서 운이 좋은 돈을 전부 독이 된다고 말하기에는 중요한 기준 하나가 빠져 있다. 이 역시 시기이다.

시기에 따라 운 좋게 번 돈이 독이 될 수도 있지만, 마찬가지로 시기에 따라 운 좋게 번 돈이 오히려 약이 되기도 한다.

이 두 가지 결과를 만드는 시기는 각각 다르다. 그 다름을 알아야 한다. 어떻게 다른지 알아야 비겁한 돈에 대한 기준을 확실하게 세울 수 있다. 이에 대해 좀 더 이야기해보자.

아파트를 아무 생각 없이 빚을 내서 7억에 산 사람이 있다고 치자. 이 사람은 지금 아파트의 시세가 17억으로 오르면서 10억을 벌었다. 과연 이 사람이 앞으로 돈을 잃게 될까?

2020년 3월 19일 대한민국 코스피가 반토막 가까이 났을 때, 더 정확히 말하자면 1400선 가까이 가면서 1100선까지도 무너진다는 말을 듣고 우연히 때마침 있던 여윳돈으로 용기를 내서 주식을 시작한 사람이 있다고 치자. 그 사람은 너무 좋은 시장을 만난 덕분에 5000만 원으로 시작한 주식이 2억으로 불어났다. 과연 이 사람이 돈을 잃게 될까?

다시 아파트 가격이 반토막이 나지 않는 이상, 코스피가 1400 이하로 떨어지지 않는 이상, 이들은 돈을 잃지 않을 것이다. 왜일까? 이들이 투자를 시작한 시기는 '더 떨어질 수 없을 만큼 최저점이었던 시기'였기 때문이다. 이들의 비겁한 돈은, 혹은 운 좋은 돈은 앞으로도 잃을 리 없는 돈이다.

그러면 반대로 어떤 사람들이 돈을 잃게 될까? 아마도 7억 아파트가 15억으로 오르자 마음이 조급해져서 뒤늦게라도 무리해서 뛰어든 사람들일 것이다. 이들은 15억 아파트가 30억까지는 오를 거라고 기대하며 아무 준비도 없이 빚을 내서 아파트를 샀을 것이다. 물론 아파트값이 당장은 20억까지 오를지도 모른다. 하지만 20억은커녕 다시 하락기를 맞이한다면 이 사람은 빚에 허덕이다가 큰 손실을 볼 것이다. 연말 즈음에 경기가 좋아지고 미국에서 테이퍼링(tapering: 돈의 잠금)을 시작하면 금리가 오를 것이고, 결국 높은 이자를 감당하지 못해 손해를 보며 아파트를 정리해야 하는 순간이 올지도 모른다. 그것도 강제로 말이다.

만약 10억이었던 아파트의 가치가 7억으로 떨어지기라도 한다면 어떤 일이 벌어질까? 만약 어떤 사람이 10억 중 5억을 대출받아 집을 샀다고 가정하면, 집값이 30%가 떨어졌기에 대출 원금 5억의 30%를 당장 갚아야 한다. 1억 5000만 원을 당장 갚아야 한다는 소리다. 그 정도 현금이 있는 사람은 흔치 않다. 만약 여유자금이 없어 대출금의 30%를 반환하지 못한다면 아파트는 강제로 경매로 넘어가게 된다. 그런데 이런 사실을 모르는 사람들이 생각보다 많다.

코스피로 보자면 1400대에서 시작해 2900을 넘겼을 때, 4000을 바라보며 주식시장에 뛰어든 사람들이 돈을 잃게 될 것이다. 3000

정도를 횡보할 때는 조금의 수익을 얻을 수는 있을 것이다. 하지만 늘 그렇듯 다시 코스피가 위기를 맞이하면 이들은 큰 손실을 볼 것이다.

정리하자면, 똑같이 투자에 아무런 능력이 없는 사람이라 할지라도 아파트값이 7억일 때 들어간 사람은 손실을 보지 않지만, 15억일 때 들어간 사람은 손실을 본다. 마찬가지로 주식을 잘 모르는 사람이라도 1400일 때 들어가는 것과 2900일 때 들어가는 것은 시기가 완전히 다르다. 전자는 비겁한 돈의 지점, 즉 시장 상승기일 때이지만 후자는 상승기가 거의 끝나가는 시기이다. 이 시기는 결코 비겁한 돈의 지점이 아니다. 하지만 사람들은 이 둘을 같은 시선에서 바라본다.

당연하지만 세상에는 전자보다 후자의 사람이 압도적으로 많다. 왜일까? 소수의 전자들이 큰돈을 벌고 환호성을 지른 뒤에야 다수의 후자들이 그 환호성을 듣고 뒤따르기 때문이다.

후자들이 가진 더욱 큰 문제는, 아직 상승기가 끝나지 않아서 약간의 운 좋은 돈을 손에 쥔다 하더라도 만족하고 떠나지 못한다는 데 있다.

시기를 놓친 돈에는

'상대적 박탈감'이라는 독이 스며들기 때문이다.

어느 날 회사에서 옆자리 동료가 비트코인으로 투자금의 세 배를 벌었다며 자랑한다고 해보자. 자신이 보기에 그 사람은 딱히 투자 전문가도 아니고 코인 전문가는 더더욱 아니다. 그냥 어쩌다가 시장이 좋아서 운 좋게 돈을 번 것처럼 보인다. 솔직히 부럽고 배도 좀 아픈 것 같다.

그러면 여기서부터 문제가 발생한다. 그가 돈을 벌었다는 이야기를 들으면서 당신은 생각한다. 왜 저 녀석만 운이 좋으냐고, 저 녀석도 하는데 나라고 못하겠냐고 말이다. 그렇게 다음날 코인에 돈을 넣는다. 처음 얼마간은 돈을 벌 수 있다. 축제가 아직 끝나지 않았으니까.

30% 정도 수익이 났을 때, 당신은 과연 만족할 수 있을까? 절대로 그렇지 못할 것이다. 왜냐하면 그렇게 시작한 사람이 처음부터 많은 돈을 투자했을 리 없기 때문이다. 30%의 수익이 난 것을 보면서 생각할 것이다.

'내가 만약 1000만 원이 아닌 1억 원을 넣었더라면 지금 300만 원이 아니라 3000만 원을 벌었을 텐데.'

이것이 첫 번째로 느끼는 상대적 박탈감이다. 시장을 의심하며 적은 돈을 투여했던 자신에게 느끼는 후회와 박탈감이다.

두 번째 상대적 박탈감은 먼저 돈을 번 그 녀석으로부터 시작된다. 자신보다 훨씬 일찍 들어가서 훨씬 많은 돈을 벌어들인 내 옆의 바로 그 녀석 말이다. 그 녀석은 상승기 초입에서 시작했기에 이미 수익률 400%를 돌파했다. 나보다 굴리고 있는 돈도 많다.

'내가 이 만큼을 벌었는데, 그 녀석은 도대체 얼마를 번 거야?'

이쯤 되면 더 조바심이 난다. 사람의 욕심이라는 게 그렇다. 이때부터 우리는 무리를 하게 된다. 실제로 돈을 넣어 보니까 30% 수익도 단숨에 나고, 코인 시장이 정말 돈 복사의 장처럼 느껴진다. 그래서 빚을 내기 시작하고, 자기 자신의 상당 부분을 코인에 넣기 시작한다.

시기적으로 보면 보통 평범한 많은 사람들이 이런 행동을 할 때쯤 상승기가 끝이 난다. 상승하던 투자물이 어느 순간 하락하는 것이다. 최근에 코인이 반토막을 한번 맞은 것처럼 말이다. 그때서야 후회한다. 그리고 홀로 한탄한다. '역시 잘 모르면서 무작정 투자에 뛰어들면 피를 보는구나. 차라리 그때 소액이나마 운 좋게 벌지 않았으면 더 많은 돈을 넣지도 않았을 텐데, 괜히 맛을 잘못 봤다가 다 망했다. 아, 진짜 투자는 거지같구나.' 정작 그 상황에서도 비트코인을 훨씬 일찍 시작했던 그 녀석은 손실이 아니라 여전히 수익을 보고 있다는 사실도 잊은 채 말이다.

우리 주변에는 이런 사람들이 압도적으로 많기에 '잘 모르거나 능력 없는 상태'에서 투자를 시작하는 것은 어리석은 일이고, 이때 벌어들이는 운 좋은 돈은 독이 된다는 주장이 퍼진다. 비겁한 돈의 진짜 의미도 모르고, 좋은 시기의 진짜 뜻도 모르는 대다수 사람들의 어리석음이 만들어낸 자화상이다.

여기서 알 수 있는 사실 한 가지는 이것이다. 비겁한 돈이라 부를 수 있는 시기는, 누군가의 환호성이 들리지 않을 때라는 것이다. 투자를 잠시 쉬면서 자기 스스로 관찰하고 자기 스스로 생각한 지점이어야 한다. 누군가가 환호성을 지르고 있다면, 그건 이미 비겁한 돈의 지점이 지나간 상황이다. 절대 그 환호성에 취해 끌려가선 안 된다. 거듭 말한다.

당신이 먼저 지르는 환호성이 아니라면,
그 시기는 이미 당신을 위한 시기가 아니다.

누군가가 벌어들인 비겁한 돈을 보고 준비 없이 들어간 사람들에게는 운 좋은 돈이 모두 독이 된다고 생각해야 한다.

지금까지의 이야기를 잘 이해했다면 더 이상 운 좋은 돈, 비겁한 돈에 대해 부정적인 시선을 갖지 않을 수 있을 것이다. 진짜 비겁한 돈은 결코 손실이 허락되지 않는 구간에 있으며, 결코 독으로 돌아올 수 없는 구간에 있다.

  지금까지 비겁한 돈의 시기에 대한 첫 번째 오해를 풀었다. 이제 진짜 중요한 두 번째 이야기를 해보자. 비겁한 돈이 곧 훌륭한 투자자를 만드는 든든한 밑거름이 될 수 있다는 이야기를 이어서 해보도록 하겠다.

7.

최고의 동기부여는
의지가 아니라
'성과'다

비겁한 돈이란 인내하며 기다린 사람에게만 주어지는 투자의 황금 시기를 의미한다. 앞서 말한 것처럼 이 시기는 전문가가 말하는 독이 되는 시기가 아니라, 아무리 애써도 결코 돈을 잃을 수 없는 시기다. 분명 모든 투자물에는 '도저히 돈을 잃을 수 없는 시기'가 존재한다. 그 시기를 잡는 사람은 실력에 상관없이 승리하는 투자자가 될 수 있다.

그렇다면 이 비겁한 돈이 과연 수익이라는 결과로만 이어질까? 그렇지 않다. 비겁한 돈을 경험하면 또 다른 선물이 주어진다. 그리고 이 선물이야말로 나는 비겁한 돈이 주는 진짜 가치라고 생각한다. 거기에 대해 이야기해보자.

비겁한 돈

결론부터 말하자면 다음과 같다. 비겁한 돈은 나에게 '돈만을' 벌게 해주는 존재가 아니다. '돈까지도' 벌게 해주는 존재다. 우리가 너무나 좋아하는 돈이라는 것도 결국 비겁한 돈이 주는 하나의 혜택에 지나지 않는다.

비겁한 돈을 통해 내가 받는 진짜 선물은 돈이 아니라,
번 돈을 통해 만들어지는 실력이다.

다시 두 사람이 있다고 가정해보자. 한 명은 비겁한 돈을 경험하며 투자를 시작한 사람이다. 투자에 대한 전반적인 지식이나 노하우는 전무하다. 비겁한 돈을 경험하기 전까지 전문적인 투자 공부는 시작한 적이 없었다. 또 다른 한 명은 비겁한 돈을 경험해보지 못하고 우선 투자 시장에 뛰어들어 실제 투자를 해나가면서 배우는 사람이다.

둘 중 누가 더 투자를 잘 알게 될까? 나는 명백하게 전자라고 확신한다.

좋은 투자자가 되기 위해서는 결국 투자 역량을 키워야 한다. 이 역량은 많은 노력을 통해 만들어진다.

그런데 사실 노력은 아무나 하는 게 아니다. 노력하는 데에는 자격증을 요구하지 않기에, 누구나 하면 되는 것이라고 생각한다. 하

지만 이 노력이야말로 자연히 되는 것이 아니다. 레버리지가 필요하다.

노력을 위한 최고의 레버리지는 의지가 아니라 성과다.

칭찬은 고래를 춤추게 한다. 노력도 그렇다. 성과는 우리가 스스로 알아서 노력하게 만드는 최고의 촉매제다. 그 성과가 비록 자신의 힘으로 만들어진 게 아닐지라도 말이다.

사람들은 힘든 노력 끝에 얻어낸 성과만이
성장의 발판이 된다고 말한다.
운이 좋아 얻은 성과는 사람을 나태하게 만든다고 말한다.

이 말은 틀렸다.
인간은 결코 그렇게 설계되지 않았다.

운 좋게 성과를 얻은 사람은
결국 그 운을 자신의 실력으로 만들기 위해 노력한다.
그것이 성과의 힘이다.

비겁한 돈을 경험하며 시장이 주는 혜택을 경험한 사람과 그렇지 않은 사람의 결정적인 차이는 투자 성과를 경험해 보았는지의 여부이다. 투자 성과를 내 본 사람은 그렇지 않은 사람보다 훨씬 적극적으로 노력하게 된다. 결국 비겁한 돈이 앞으로의 더 큰 성과를 만드는 시발점이 되는 것이다. 미래의 돈을 만들어주는 일종의 마중물인 셈이다.

일도 마찬가지다. 성과가 따라주지 않는 일은 능률이 오르지 않는다. 나도 그랬다. 내가 개그맨이 된 이유에 대해서도 나는 당당히 말할 수 있다. 현대자동차의 EF소나타와 모 여대의 방송연예과라고 말이다.

20대 초반, 시험이라는 시험은 다 떨어지고 마지막으로 준비했던 경찰 공무원 시험을 접었다. 그러고는 단지 글 쓰는 것을 좋아한다는 이유만으로 개그맨이라는 꿈을 꾸며 대학로에서 공연할 때였다. 모든 시험에서 떨어지며 자신감도 이미 바닥 난 상태였다.

내가 과연 웃기는 사람이 맞는지, 개그맨이라는 직업에 전혀 확신이 없었다. 나는 무엇을 위해 이 일을 해야 하는지, 과연 이 일로 성공할 수 있는지 스스로를 의심하던 시기였다. 그러던 어느 날 공연이 끝나고 한 명의 관객이 나에게 다가와서 갑자기 "팬이에요"라는 말을 던졌다. 어리둥절했다. 대학로 근처 분교가 있었던 모 여대의 학생이 우연히 공연을 보고서 나에게 다가와 한 말이었다.

내가 집구석에 앉아서 생각만 하며 아무 일도 하지 않고 있었다면 감히 만날 수도, 말 한마디 붙일 수도 없을 법한 미모의 여성이었다. 웃기는 얘기지만 나는 그때 개그맨이라는 직업에 대해 확신을 얻었다. 그 어떤 여성도 나에게 먼저 다가와 말을 걸어준 적이 없었다. 말을 걸면 떠나기만 했던 것으로 기억한다. 그런 나에게 우연찮게 이런 영광이 찾아왔던 것이다.

스스로 확신할 수 없었고, 재미있다고도 생각하지 않았던 나에게, 누군가가(특히 미모의 여성이) 건넨 칭찬은 '의도하지 않았던 성과'였다. 그리고 이 한마디가 모든 것을 바꾸었다. 나는 이 기회를 아주 '비겁하게' 이용했다. 개그맨이라는 직업에 확신을 갖게 된 것이다. 더 많은 여자들이 날 알아봐 줬으면 좋겠다는 생각이 들었다. 팬이라고 음료수를 건네며 보내는 미소를 더욱 많이 보고 싶었다. 내가 감히 그럴 주제가 되는지는 더 이상 중요하지 않았다. 이미 그 기쁨을 한번 맛본 나는 그 경험이 계속 이어지기를 그저 간절히 바라게 되었다. 그래서 더욱더 열심히 했다. 전보다 더 열심히 누군가를 웃기기 위해 노력하기 시작했다.

여기에 훗날 이런 일이 다시 벌어졌을 때, 그때 내게 말을 건네는 그 사람이 내 이상형이라면 어떨까 하는 상상이 더해졌다. 그런 사람을 만나게 되었을 때, 잘 보이려면 왠지 차도 있어야 할 것 같았다. 그 차를 사는 데 필요한 1000만 원이라는 돈은 내가 공채 개그맨 시험에 붙었을 때 나오는 계약금과, 매니지먼트사와 계약해서 받을 수 있는 계약금을 합한 금액이었다.

이런 우스갯소리가 있다. 모태솔로 찐따에게 이성이 웃으면서 말을 걸면, 그 순간 손녀 이름까지 상상하게 된다는 것. 사실은 내 이야기였다. "팬이에요"라는 한마디는 내게 뚜렷한 목표를 만들어 줬고, 나는 그 목표를 향해 달렸다.

다섯 번이나 공무원 시험에 도전했지만 단 한 번도 붙어보지 못했던 시험이라는 것을 나는 한 번에 합격했다. 무려 방송국 공채 개그맨 시험이었다. 이 모든 것은 나조차도 스스로를 믿지 못했던 시절, 이름 모르는 여성이 내게 건넨 한마디 말 때문이었다. 즉, 개그맨으로서 최초로 얻은 '의도치 않았던 성과' 때문이었다.

나는 내가 특별하다고 생각하지 않는다. 특별한 재능이나 끼를 타고나기는커녕, 짧은 순간조차 한 번도 특별해본 적 없었다. 단지 달콤한 보상을 운 좋게 경험했을 뿐이다. 그것이 전부였다. 일이든 투자든 말이다.

비겁한 돈을 만나 시장의 혜택을 오롯이 경험한다는 것은,
인생을 바꾸는 누군가의 결정적 한마디를 만나는 것과 같다.

이 책은 베스트셀러 작가이자 기획자인 제갈현열 대표와의 공저다. 우리는 이 책의 핵심을 관통하는 비겁한 돈이라는 메시지를 오랜 논의 끝에 정립했다. 비겁한 돈이 곧 최고의 동기가 된다는 생각은 그가 했던 경험에서 출발했다.

그에게는 특이한 이력이 몇 개 있는데, 그중 하나가 대한민국에서 기획 관련 공모전 최다 수상자라는 것이다. 대학을 다니면서 무려 43번의 수상을 했다. 그런 그가 남들 다 졸업하는 4학년 때 동아리 하나를 만든다. 공모전을 하는 동아리다. 그 동아리에 가입한 사람들에게는 혜택 아닌 혜택이 하나 있었다. 바로, 가입하면 6개월 안에 적어도 하나의 수상 경력은 반드시 만들어준다는 것이었다. 기획 공모전이라는 게 보통 팀 작업으로 이루어지는데, 동아리에 새로 가입한 사람들을 돌아가며 자신의 팀원으로 넣어준 것이다.

공모전의 대부분은 공저자 혼자 했다고 한다. 다른 구성원들은 속된 말로 버스를 탄 것이다. 이런 모습에 대해 주변에서는 우려를 많이 보냈다고 한다. 자신의 노력이 아닌 누군가의 도움으로 수상하게 되면, 오히려 그 수상 자체가 개인에게 좋지 않은 결과로 이어진다고 말이다.

하지만 공저자의 생각은 단호했다. 능력이 있어서 수상하면 당연히 좋겠지만, 능력이 없다 하더라도 한 번 수상하게 되면, 그렇게 상을 받게 되면, 상 받는 즐거움에 취하게 된다. 그리고 바로 그 것이, 누가 시키지 않아도 스스로 상을 받기 위해 노력하게 만드는 계기가 될 것이라는 게 그의 생각이었다.

결과는 어땠을까? 그의 생각이 옳았다. 처음에는 공저자의 덕으로 상을 받던 동아리 회원들이 한번 상을 받기 시작하자 스스로 기획에 대해 공부하고 공모전을 준비하기 시작했다. 상을 받았을 때의 설렘과 기쁨이 하나의 계기가 된 것이다. 결국 그 동아리는 2년이 안 되는 시간 동안 총 50회 이상의 크고 작은 대회에서 수상할 수 있었다.

그런 그의 확고한 주장은 이것이다.

최고의 동기 부여는 성과에서 시작된다.

자기가 노력한 결과가 아니라 하더라도, 성과 자체가 주는 달콤함이 스스로를 변화시킨다는 것이다. 그 뒤로도 그가 늘 자기계발을 하고자 하는 사람에게 주장하는 것은 한 가지다.

'어떻게 해서든, 아주 작은 것이라도, 한 번만 성과를 만들어보라. 그리고 그 성과가 주는 기쁨을 맛보아라. 그 어떠한 자기계발서의 훌륭한 말 수백 마디보다 이 하나의 행동이 훨씬 더 자기계발적이다.'

인간은 성과를 맛보았을 때 바뀐다. 그리고 그 행동학적 메커니즘은, 성과의 크기가 클수록 단단하고 거대해진다.

돈은 누가 뭐래도 인간의 삶에서 가장 크게 영향을 끼치는 것 중하나다. 어쩌면 가장 큰 영향을 미치는 것인지도 모른다. 이렇게 영향력이 지대한 영역에서, 당신이 우연히든 남의 등에 업혀서든 성과를 맛보고 나면 그로 인한 변화는 엄청날 것이다. 비겁한 돈의지점을 발견하고 투자를 시작해 운 좋게 돈을 벌어본 경험이 생기기만 한다면, 그 뒤부터는 더욱 확실하게 그 돈을 자기 것으로 만들기 위한 노력을 시작하게 된다. 운 좋게 돈을 벌었다고 해서 또다른 요행을 기대하거나, 언제까지 운이 따라주기만을 바라고 기다리는 사람은 거의 존재하지 않는다.

운 좋게 주식 상승기 초입에서 돈을 벌어본 사람은 주식에 대해더욱 알려고 한다. 차트를 공부하고 앞으로의 상황을 파악하려 노력하게 된다. 부동산도 마찬가지고, 코인도 마찬가지다. 이유는 단순하다. 운이든 아니든 내가 얻은 이 돈을 놓기 싫고, 잃어버리기싫기 때문이다. 투자를 통해 돈을 불릴 수 있다는 자신이 생겼기때문이다. 투자를 통해 내가 원하는 수준의 부를 얻을 수 있겠다는확신이 생겼기 때문이다.

비겁한 돈이 단순히 순간의 이익에 머물지 않고, 노력에 불을 붙이는 계기가 되는 것이다.

그리고 이때부터 하는 것이 진짜 투자 공부다. 돈 한 푼 벌어보지 못한 채, 아니 오히려 돈을 잃고서 조급하게 시작하는 게 공부가 아니다. 든든하게 지갑을 채운 상태라야 여유를 갖고 공부를 시작할 수 있다. 여러분이 도달했으면 하는 지점이 바로 여기다. 즉, 비겁한 돈을 통해 투자에 재미를 붙여서 누가 시키지 않아도, 심지어 누가 말릴지라도 밤이 새도록 즐겁게 공부하는 계기를 스스로 만들어보라는 말이다.

우리 대부분은 생계를 위해 우리의 노동력을 시장에 팔아야 한다. 잠자는 시간을 뺀 나머지 시간 대부분을 누군가 시켜서 하는 일을 하는 데 쓴다. 내가 아닌 그 누군가의 부를 얻는 데 이용되는 것이다. 이런 상황에서 투자에 전업 투자자만큼의 시간을 투여하고, 지식과 정보를 갖기란 쉽지 않다. 생계를 위한 최소한의 수익이 보장되지 않은 전업 투자자의 길이란 대부분의 사람에게 먼 나라 이야기일 수밖에 없다.

손실 없이, 손해 없이, 오히려 이익을 보며, 그 이익이 동기가 되어 즐거운 마음으로 차근차근 올라가는 유일한 방법은 비겁한 돈이 만들어지는 지점에서 투자를 시작하는 것이다.

비겁한 돈은 워런 버핏이 될 수 없는 우리가 그를 부러워하지 않으며 투자의 길을 걸어갈 수 있는 거의 유일한 방법이다. 이것이 비겁한 돈을 우리가 잡아야 하는 진짜 이유다. 비겁한 돈은 그 자체로 완전한 돈으로 가는 해답을 제시한다.

당연하게도 이 모든 이야기들은 투자전문가들을 위한 이야기가 아니다. 이제 투자를 시작하려고 하는, 상승장을 보며 군침만 삼키고 있었던 사람들에게 해주고 싶은 말이다. 이것이 돈에 대해 가장 기본적으로 가져야 하는 생각이고, 투자를 성공하는 가장 현실적인 방법이다. 투자를 어떠한 측면에서 바라볼 것인가에 대한 관점의 문제이다.

우리는 쉬며, 살피며, 공부하며, 상승장의 초입을 반드시 찾아야 한다. 우리에게 돈은 그동안 흘린 피와 땀의 결실이기에 이것을 절대 함부로 대해서는 안 된다. 소중한 만큼 철저히 비겁하게 불려 나가야 한다.

투자에 관해서는 '왜 이렇게 쫄보냐'는 비아냥거림을 들을 만큼 망설이고 또 망설여야 한다. 늘 눈치를 이리저리 살피며, 남들이 끝났다고 한탄하는 시장을 오히려 주목해야 한다. 누군가가 크게 실패한 투자 지점을 발견했다면 누구에게도 이야기하지 말고 약삭빠르게 그 지점에 다가가야 한다. 실패한 사람에게 위로를 건네기보다는, 그 지점이 어떤 지점인지를 먼저 살펴봐야 한다. "재수 없다"는 말을 듣더라도 그렇게 행동해야 한다. 아니, 좀 더 정확히는 재수 없다는 말을 들을 수 있도록 노력해야 한다. 당신도 비겁해져야

비겁한 돈

한다. 우리는 돈을 철저하게 비겁하게 마주해야 한다.

《조금만 비겁하면 인생이 즐겁다》라는 책이 있다. 책 제목 그대로다. 조금만 비겁해지면 투자를 성공할 수 있고, 나 자신의 성장도 이룰 수 있다.

8.

비겁한 돈을
맞이하며 지켜야 할
세 가지 기준

여기까지 온 당신은 이제 투자를 쉬어야 하는 이유에 대해 알게 되었을 것이다. 지금까지 쉬어야 하는 이유와, 쉬면서 해야 하는 가장 중요한 일에 대해 이야기해봤다. 그 밖에도 내가 쉬면서 돈과 더 친숙해지기 위해 했던 일들이 몇 가지 더 있다. 그 이야기는 따로 다음 장에서 자세히 다루기로 하고, 우선은 투자의 관점에서 이야기를 계속 이어 나가보자.

당신은 충분한 쉼을 가지며 다음 투자물에 대해 고민했는가? 당신만의 투자물을 정해 그것이 상승하는 시작점을 추측했는가? 그리고 마침내 그 시점이 왔는가? 당신은 이제 비겁한 돈이 발생하는 타이밍을 노려 투자를 시작할 수 있게 되었다. 치열하게 고민할 필요도 없다. 그저 마음을 비우고 시작하면 된다.

나 역시 비겁한 돈으로 투자를 시작해서 여기까지 왔다. 나는 누구보다 지금 내가 하고 있는 투자가 비겁한 방식임을 잘 알고 있었다. 그 때문에 다른 투자자들과는 조금 다르게 내가 항상 명심했던 세 가지 진실이 있다. 만약 당신이 나처럼 비겁한 돈을 찾아 투자를 시작한다면, 그때 내가 되뇌었던 세 가지 진실이 당신에게도 좋은 투자 길라잡이가 될 수 있을 것이다. 지금 이 말이 당신의 다음 행보에 좋은 참고가 될 수 있길 바란다.

첫 번째, 내 실력이 아님을 인정했다.

이번 상승장의 축제에서 비겁한 돈을 맛보았다면, 이 돈이 결코 나의 실력으로 번 돈이 아님을 인정해야 한다. 지금 내가 돈을 벌 수 있는 것은 어디까지나 잘 쉬면서 시장의 기류를 읽고 비겁한 돈의 지점을 발견했던 그 한 가지 덕분이라는 생각을 늘 가슴에 새겼다. 나의 실력이 아니라는 말은 자만심의 유혹에 빠질 위기로부터 나를 구해주었다.

투자가 성공적으로 진행되다 보니 다음 투자에 대한 자신감도 생기고, 왠지 다음 투자도 잘될 것 같다는 정체 모를 용기가 생겼다. 하지만 이건 내 실력이 아니며, 길목을 잘 지켰다가 상승 흐름에 올라탄 결과일 뿐이라고 끊임없이 자신을 채찍질했다. 그러자 지금의 성공이 다음의 성공도 만들어줄 것이라고 기대하게 되는 마음을 억누를 수 있었다.

이렇게 스스로를 낮췄던 이유는 내가 겸손한 사람이어서가 결코 아니다. 지금의 내 투자 실력을 냉정하게 바라보지 않으면 반드시 큰 손실을 얻게 될 것이라는 두려움 때문이었다. 실력 없는 사람이 운을 실력이라 굳게 믿었다가 나락으로 떨어지는 것을 나는 너무도 많이 보아왔다. 그 덕분에 돈을 버는 내내 스스로 자만하거나 남을 무시하거나 남을 가르치려 들지 않을 수 있었다.

나는 투자로 눈을 돌리고 난 뒤로, 투자 세계에서 만나고자 하는 거의 대부분의 사람들을 만날 수 있었다. 감사하게도 방송인이라는 직업 덕분이었다.

이 바닥의 선수들을 만나면 자주 하는 말이 있다. "계좌 까봐"라는 말이다. "너는 그래서 얼마 벌었는데?"라는 뜻이다.

이 바닥은 자본이 형님이고 수익률이 학벌이다.

지금 이 책을 읽고 있는 사람들의 머릿속에도 나에 대한 물음표가 생긴다는 것을 알고 있다. 하지만 나는 그 어떤 방송에 나가서도 내가 얼마를 벌었고 몇 프로의 수익을 냈는지 결코 이야기하지 않았다. 이 책에서도 그 정확한 액수는 공개하지 않을 것이다. 이 돈은 어디까지나 오롯한 나의 실력으로 번 돈이 아니기 때문이다.

당신 역시 비겁한 돈의 시작점에 섰다면 절대로 그 돈이 당신의 실력으로 번 돈이 아님을 인정하길 바란다. 그것을 인정해야 불어나는 자산 속에서 스스로의 마음을 다잡을 수 있다.

헛된 꿈과 생각도 버리기를 바란다. 우연히 한 번의 비겁한 수익을 냈다고 해서 직장을 그만두고 전업 투자자로 나서려는 사람들이 더러 있다. 단언하건대 실력이 바탕이 되어 있지 않다면, 이것은 정말 바보 같은 선택이다. 일이나 노동을 통해 돈의 흐름을 만드는 것은 대단히 중요하다.

당신의 월급이 300만 원이라고 한번 가정해보자. 그런데 어쩌다가 한 번의 비겁한 수익을 얻었다고 해서 회사를 그만둬 버린다면, 한 달에 300만 원이라는 현금 흐름을 걷어차는 것이다. 서울의 아파트 중 20억 정도의 가치를 가지고 있는 아파트의 월세가 300만 원이다. 물론 대출을 받지 않고 은행에 이자를 갖다주는 일이 없어야 가능하다. 거기다 이 아파트를 월세로 주고 자신이 거주할 수 있는 또 다른 집도 있어야 한다.

당신이 지금 20억짜리 '여분의 아파트'를 대출을 끼지 않고 가지고 있는가? 그게 아니라면 일을 그만두고 현금 흐름을 걷어차는 일이 얼마나 무모한 행동인가를 깨달아야 한다.

비겁한 돈을 비겁하다 인정할 수 있어야만 진짜 자기 실력을 키울 계기를 만들어낼 수 있다. 잡생각을 모두 버려야 한다. 분명히 이런저런 욕심이 생길 것이다. 자랑도 하고 싶을 것이다. 하지만 마음을 비우고 내 실력이 아님을 인정해야 한다.

두 번째, 절대로 돈을 잃지 않겠다고 다짐했다.

비겁한 돈은 시대가 주는 돈이다. 투자로부터 잠시 거리를 두면서 차분히 공부하고 준비해온 사람과, 때가 왔을 때 투자를 해냈던 사람에게 주는 특권이다. 아무것도 하지 않고 그저 가만히 있었던 사람, 투자를 제대로 알아보지도 않고서 무작정 뛰어들어 거기에 매몰되어 있었던 사람은 이 특권을 얻을 수 없다.

당신이 시기를 잘 잡았다면, 그 돈은 절대 잃을 수 없는 돈이다. 투자로 이익을 얻다 보면 자연스럽게 더 많은 공부를 하게 될 것이다. 어느 순간부터 사회·문화·연예면 기사보다 경제면 기사가 먼저 눈에 들어올 것이다. 비겁한 돈의 맛을 봤기 때문이다. 하지만 쉽게 들어온 돈은 그만큼 쉽게 나갈 수 있다는 것도 알아야 한다. 그러므로 시기를 타서 투자했다면 결코 일희일비하지 말아야 한다.

비겁한 돈은 시장 상승기의 초입을 의미하지만, 그 지점을 정확히 알아내는 것은 쉬운 일이 아니다. 많은 노력이 필요하다. 당신이 비겁한 돈의 지점이라 생각하고 들어갔음에도, 하락이 끝나지 않고 이어질 수도 있다. 주식이라 치면 바닥이라고 생각했던 게 지하실이었을 수 있고, 이제 부동산이 오를 때라고 판단했지만 몇 개월 혹은 몇 년간 암흑기가 길어질지도 모른다. 이때의 불안감을 이겨내야만 한다.

지금 당장 돈을 만들어야겠다는 집착은 버려야 한다. 이런 생각에 사로잡혀 샀다 팔기를 반복한다면 성공 확률이 줄어들고 자본은 서서히 말라가게 된다. 공포감에 매도했다가 억울함에 매수하기를 반복한다면 그 순간 이미 당신의 투자는 실패다.

왜 카지노에서 한번 큰돈을 딴 고객에게 호텔 패키지와 비행기 티켓을 계속 보내주겠는가. 결국 자주 게임을 해서 돈을 잃게 만들려는 것이다.

부동산도 마찬가지다. 이번 상승장에서 아파트로 큰돈을 벌었다며 여기저기 갈아탈 준비를 하는 사람들을 많이 보았을 것이다. 자칫 그렇게 해서는 엄청난 양도세를 마주하며 당황할 것이고, 팔고나서 가격이라도 오르면 '내가 그때 왜 그랬을까' 후회하게 될 것

비겁한 돈

이다. 고정적인 레퍼토리다.

"내가 그때 그걸 샀어야 했는데…."

"내가 그때 그걸 안 팔았어야 했는데…."

투자에서 아무런 이익도 얻지 못한 사람들이 늘 입에 달고 사는 말이다.

어느 정도의 조정기는 오겠지만 결국 시간을 들여 당신이 선택한 투자물은 상승기를 맞이할 가능성이 매우 높다. 결국 우리는 시간을 사야 한다. 자산은 그렇게 모아가는 것이다. 계속 팔아치우고 다시 사는 것이 아니다. 마치 자식을 키우듯, 시기를 잘 선택해서 한 번의 결정적인 수를 두어야 한다. 그만큼 공을 들여야 한다. 한 번의 선택이 중요하다. 흔히 말하는 '존버' 정신이 필요하다. 이 존버 정신은 어디까지나 스스로 투자 시기에 대한 확신이 섰을 때 가능하다.

그 확신을 만드는 것은 '쉼'이다. 쉬면서 얼마나 투자 시장을 들여다봤는지, 확신을 얻기까지 어떤 행위를 했는지로 결정된다. 충분히 쉴수록, 충분히 고민할수록 이 시기를 맞출 확률이 올라간다.

'나의 쉼을 믿고, 쉬는 동안 했던 고민과 생각을 믿자. 한번 시작한 투자는 수익이 날 때까지 절대로 물리지 말자.'

이것이 내가 한 두 번째 다짐이었다. 이 한마디를 꼭 기억하길 바란다.

'한 우물만 파야 한다.'

하지만 그보다 더 중요한 것은

물이 나올 자리라는 확신을 얻기까지

삽을 들지 않는 것이다.

그리고 삽을 들었다면,

멈추지 않아야 한다. 물이 나올 때까지!

마지막 세 번째, 비겁한 돈으로 반드시 성장하겠다.

비겁한 돈을 가장 가치 있게 사용하는 방법은 무엇일까? 바로 비겁한 돈을 '완전한 돈'을 위한 촉매제로 사용하는 것이다. 비겁한 돈을 얻은 뒤 나는 이 계기를 지렛대 삼아서 투자에 대한 역량을 키우겠다고 스스로 다짐했다. 한번 수익을 맛보았으니, 그다음을 준비하는 공부를 하겠다 결심했다. 앞서 말한 것처럼, 성과를 최고의 동기로 삼아 행동을 시작한 것이다.

처음 부동산으로 투자에 발을 들였을 때, 솔직히 나는 그에 대한 이론적인 부분은 많이 알지 못했다. 내가 투자를 시작한 것은 시기에 대한 확신 때문이었지, 내가 가진 지식에 대한 확신 때문이 아니었다.

그랬던 나도 지금은 부동산 자산에 대한 여러 가지 것들을 알아가고 있다. 어떤 지식은 자연스럽게 알게 되었고, 어떤 지식은 내

의지와 노력이 더해져서 알게 되었다. 부동산에도 사이클이 있음을, 각각의 사이클에서는 어떠한 전략을 쓰는 것이 시장에서 대응하기가 편한지를 알아가고 있다. 부동산에 투자할 때 좋은 투자 방식은 무엇이며 마음가짐은 어떠해야 하는지, 다시 하락기를 맞이한다면 그때는 어떤 선택을 해야 하는지 끊임없이 고민하며 하나씩 알아가고 있다.

나 역시 지금의 이 비겁한 돈을 내게 잠시 머무르는 돈이 아닌, 나를 더욱 풍족한 어딘가로 데려가주는 티켓으로 사용하고 싶기 때문이다. 당신 역시 그랬으면 좋겠다.

비겁한 돈이 주는 즐거움을 아는 동시에
이 즐거움이 어느 순간 사라질 수 있음을 경계해야 한다.
모든 투자물은 결국 상승 뒤에 하락을 맞는다.
시기가 가져다주는 운은 언젠간 다하게 되어 있다.
그 운이 다하기 전에 자신이 투자했던 분야의
투자 역량을 갖추기 위해 노력해야 한다.

막연히 불안해서 하는 공부가 아니라, 막연히 억울해서 하는 공부가 아니라, 충분한 수익을 얻으면서 그 수익이 주는 쾌감을 더욱 오래 지속시키기 위해 스스로 동기 부여를 해야 한다.

안정감, 풍족함을 기반으로 하는 공부는 하나의 놀이가 될 수 있다. 비겁한 돈이 주는 진짜 혜택은 지금의 수익이 아니라 그 수익을 기반으로 더욱 발전할 기회를 스스로에게 선물하는 것임을 깨달아야 한다.

명심하자. 나의 실력으로 얻은 돈이 아님을. 내가 놓쳐서는 안 되는 시기임을. 그리고 무엇보다, 내가 실력을 키울 수 있는 최고의 순간임을!

이 세 가지를 지켜나간다면 당신은 이제 비겁한 돈을 벌어들임으로써 성공적으로 투자할 수 있는 출발선에 서게 된 것이다.

비겁한 돈

9.

비겁한 돈으로
권력을 가질 순간이
당신에게
찾아왔을 때

이 책은 내가 투자 세계에 뛰어들어 겪었던 10년의 과정을 정리하는 마음으로 쓴 책이다. 동시에 이제 시작하는 당신의 10년에 보탬이 되길 바라는 마음으로 썼다.

투자를 하기에 더없이 좋은 세상이 왔다. 유튜브만 보더라도 양질의 정보가 넘쳐난다. 의지만 있다면 모든 투자물에 관한 모든 지식을 가질 수 있다. 아는 게 없어서, 너무 어려워서 투자를 못했던 시대는 이미 끝났다.

이 와중에 나는 조금 다른 이야기를 하고 싶었다. 남들과 달라야 한다는 강박이 있어서가 아니다. 우리 대부분은 전업 투자가가 아니다. 직장을 다니고 가정을 돌보며 현실을 살아야 한다. 이런 대부분의 사람들에게 무엇을 어떻게 준비하라는 엄격한 원칙을 앞세운 정석적인 투자 이야기는 어딘가 괴리감이 느껴졌기 때문이다.

차근히 밟고 오르기에는 우리 삶이 호락호락하지 않기에,
반면 투자 시장은 너무도 정직한 탓에
자신의 시간을 온전히 투자에 투여할 수 있는 자가
자신의 시간을 온전히 투자에 투여할 수 없는 자의 희생을
제물로 삼도록 설계되어 있기에
결국 대부분의 평범한 개미들은 약자가 될 수밖에 없기에

평범한 사람들이 평범하지 않은, 그러면서도 쉬운 방법으로 투자에 성공할 수는 없을까 하는 의문에서 나의 '다른 이야기'는 출발했다. 무턱대고 희망을 좇는 망상이 아니라, 내 삶의 과정과 결과에 기반한 이야기다.

그리고 이제 그 이야기의 1부가 끝나는 지점에 당신과 내가 서 있다. 모든 이야기는 과정이야 어찌 되었건 끝이 아름다워야 빛이 나는 법이다. 1부의 마지막은 빛나는 이야기를 가정하며 이야기를 풀어나가 보고자 한다. 그 가정을 한마디로 요약하면 다음과 같다.

당신은 비겁한 돈을 쥐었다. 이때부터 당신에게는 뜻하지 않은 권력이 생길 것이다.

이런 가정을 세워보는 것은 중요하다. 그 과정을 통해 앞으로 나아갈 방향을 결정할 수 있기 때문이다.

이 책을 읽는 사람 중에는 이미 실제로 비겁한 돈을 쥔 사람도 있을 수 있다. 또 앞의 이야기를 읽어 나감으로써 비겁한 돈에 대한 확신을 얻어 이를 완벽하게 실행할 기회만을 기다리면 되는 사람도 있을 수 있다.

이런 사람들을 위해 행복한 이야기를 풀어나가기에 앞서, 먼저 해야 할 이야기가 하나 있다. 당신이 진심 어린 축하를 받기 전에, 스스로 비겁한 돈을 쥔 권력자가 되려면 어떻게 해야 하는지에 대한 이야기다.

당신이 만약 제때 투자에서 손을 떼고 쉬었고, 다음 비겁한 돈의 지점을 발견하고 초입에 진입해서 그 혜택을 누렸다면 적게는 3년, 크게는 6년의 시간이 지났을 것이다. 자신만의 비겁한 돈의 지점을 발견하는 시간은 생각보다 오래 걸린다. 비겁한 돈의 지점을 비교적 빨리 발견했더라도, 그 지점에서 부를 시작하기 위해서는 시드 머니가 필요하다. 평범한 사람이라면 최소 몇 년은 우직하게 돈을 모아야 한다는 의미다.

흔히 좋은 기회 앞에서 과도하게 빚을 내 투자하는 경우가 있는데, 나는 이를 반대한다. 대출이든 신용이든, 남의 돈을 가지고 시작하는 투자에는 깨달음이 없다. 스스로 모은 돈으로 하는 투자는 그 결과가 절절하게 와 닿는다. 하지만 남의 돈으로 투자에 뛰어든다면 시시각각 변하는 상황에서 집중력과 절박함이 그만큼 부족할 수 있다.

또한 남의 돈은 말 그대로 남의 돈이기에 투자할 때 자기 주도권이 없어지는 경우도 있다. 분명 이번 고비만 넘기면 가격이 오를 것이라 생각하는 지점에서, 남의 돈은 수치와 현재 결과만을 가지고 냉정하게 돌아서게 만든다. 주식에서 강제 매매가 그러하고 부동산에서 부채 회수가 그러하다.

무엇보다 만에 하나 자신이 판단했던 비겁한 돈의 지점이 잘못되었을 경우, 남의 돈으로 시작한 투자라면 복구가 거의 불가능해진다. 삶의 상승을 위해 시작한 투자가 오히려 돌아올 수 없을 만큼 깊은 나락으로 나를 떨어뜨린다.

남의 돈이 아니다 하더라도 만약 자신이 모은 시드머니가 적다면, 또한 조급해지기 마련이다. 하루빨리 크게 불리려 할 것이고, 시기만 믿고 자신의 능력에서 완전히 벗어나는 위험한 투자를 하게 될 가능성도 높다.

결국 시드를 불리고 불려 큰돈을 만지는 계기를 만들어야 한다.

연일 포털사이트 검색어 순위 상위를 장식하는 연예인들의 몇백 억대 건물 매매 소식을 부러워하기 전에 그 이면을 면밀히 살펴볼 수 있어야 한다. 그들에게는 남들에게 없는 특별한 재능으로 쌓아 올린 시드머니가 있었기에 가능한 투자였음을 알아야 한다.

나같이 한물간 개그맨도 최소한 개그로 10년 이상은 시드를 모으고 투자를 시작했다. 앞서도 이야기했지만, 초중고를 거쳐 좋은 대학을 가는 데에도 12년이라는 시간을 쓴다. 하루아침에 일어나는 일은 없다고 생각해야 한다. 10년이라는 시간은 비겁한 돈의 흐름을 타는 데 필요한 최소한의 시간이라는 것을 명심해야 한다.

먼저 6년 정도를 노력해 비겁한 돈의 지점을 찾았고, 시드머니도 모은 상태에서 당신의 첫 번째 투자가 성공했다고 상상해보자. 그 과정에서 노력의 결과로 기본적인 투자 지식까지 늘어났다고 생각해보자. 우선은 그 긴 시간을 인내하고 노력한 당신의 과정에 박수와 축하를 보낸다. 고생 많았다. 이젠 나머지 4년을 어떻게 보낼 것인가에 대한 고민을 시작해야 한다.

이 순간 당신은 어느 정도의 권력자가 된다. 당신에겐 힘이 생겼다. 바로 시간이라는 권력이다. 돈을 어떻게 벌어야 하는지 깨닫고,

비겁한 돈

그게 진짜 돈이 된다는 사실을 경험한 당신은 이제 당신의 시간을 남에게 돈을 벌어주는 데 쓰는 것이 아니라 자신을 위해서 쓸 수 있는 여유가 생겼다.

일을 당장 그만두라는 것이 아니다. 다만 일로서 인정받기 위해 아득바득 나의 모든 것을 다 바칠 필요가 없음을 알게 되었을 것이다. 더 나아가 직장이나 직업이 내 삶을 책임져주는 것이 아니라 투자자로서의 자신이, 결국은 자본가로서의 자신이 스스로의 삶을 채울 수 있음을 알게 되었을 것이다.

결국 당신의 시간이 다시 당신에게로 돌아오는 것,
이것이 당신에게 허락된 가장 큰 권력이다.

당신에게는 앞으로의 시간을 사용할 두 가지 선택권이 있다.
완전한 전문가로 성장하거나, 또다시 쉼을 통해 다음을 준비하거나.

만약 당신이 투자 시장에 본격적으로 뛰어들어 더 많은 돈을 버는 삶을 선택했다면, 당신은 지금까지 쏟았던 노력보다 훨씬 더 많은 노력을 해야 한다. 완전한 투자자란 투자 사이클에 상관없이 언제나 돈을 벌 수 있는 사람이다. 전문가는 시장 상황을 초월해 스스로 돈을 만들 수 있는 사람이다. 초입이든 상승이든 정체든 하락이든 상관없이 해당 투자물에 대해 온전히 돈을 벌 수 있어야 한다.

주식에 대해 완전한 전문가가 되면 코스피의 흐름과 상관없이 돈을 벌 수 있게 된다. 하락장에서도 돈을 벌 수 있게 된다는 말이다. 오르면 오르는 대로 내리면 내리는 대로 돈을 버는 방법을 깨우칠 것이다.

부동산 역시 마찬가지다. 가령 부동산은 사이클에 따라 투자해야 할 종목이 명확하다. 부동산 투자는 시작기에 갭 투자가 유행하고, 상승기와 정체기 때 청약 투자가 그리고 하락기에 경매가 뜬다. 완전한 침체기에는 부동산 교육이나 디벨로퍼가 되어 수익을 볼 수도 있다.

이처럼 어떠한 투자물이든 투자 사이클 내에서도 돈을 벌 수 있는 지점은 존재한다. 당신이 해야 하는 일은 이 사이클을 온전히 이해하고, 모든 사이클에서 돈을 벌 수 있는 방식을 깨우쳐 가는 것이다. 눈치챘겠지만 여기에는 막대한 시간이 든다. 엄청난 고생길이다. 투자자로서 매달 일정한 돈의 흐름을 만들어야 하고, 실패할 위험도 감수해야 한다.

이 길의 끝은 결국 자기 본업의 변화이다. 전업 투자자가 되는 것이다. 이 길을 선택하게 된다면 일정한 시간의 시행착오를 겪어야 하고, 돈을 잃을 각오도 해야 한다. 하지만 이를 완수하면 시장을 초월해 돈을 벌 수 있다. 시장에 대응하는 것을 넘어 시장을 지배하게 된다.

이 지점에 대해서는 내가 뭐라 할 자격이 없다. 나도 아직 가보지 못한 길이다. 내가 만약 이 길을 가게 된다면 그에 대해 다시 한번 책을 쓰고 싶다. 도전이 성공한다면 말이다.

만약 이 길이 힘들겠다고 생각한다면, 당신이 할 수 있는 두 번째 선택은 다음 상승기를 기다리며 다시 투자를 쉬는 것이다. 상승기를 만나 누렸던 혜택을 현금자산으로 정리하여 이익을 실현한 뒤, 또 다른 투자물의 상승기를 발견하기 위해 쉬는 시간을 갖는 것이다. 처음 투자를 쉬면서 했던 행동을 다시 반복하는 것이다.

이 길은 비교적 쉽다. 쉬면 되니 말이다. 쉬면서 시간을 벌고 다음 시기를 예측하면 된다. 물론 현재 하고 있는 내 일에 충실하면서 말이다.

더구나 한번 쉬어보면서 쉼의 혜택을 온전히 누려본 당신이라면, 이 쉼이 이제 즐겁게 느껴질 것이다. 더 이상 '이렇게 쉬어도 되나'라는 질문으로 스스로를 괴롭히지 않을 것이기에.

쉬는 기간 역시 이전과는 다를 것이다. 이미 충분한 자금을 모아두었기에 무엇에 쫓길 필요가 없다. 그리고 이때가 되면 당신 스스로 투자 대상을 바라보고 해석하는 안목이 생긴다. 그렇게 되면 당신에게는 더 많은 '잠든 투자물'이 눈에 보일 것이다. 거기에 당신의 경험과 식견을 더한다면 나만의 비겁한 돈의 지점을 더 빨리, 더 쉽게 발견할 수 있을 것이다.

내가 선택한 길은 후자이다. 스스로 전문 투자자가 될 깜냥이 되지 않는다고 생각했다. 무엇보다 나는 앞서 말한 것처럼 만사를 귀찮아하고 노동을 무척 싫어한다. 나로서는 더 많은 돈을 벌 힘을 손에 넣는 것보다, 지금의 수준에 만족하고 조금 더 삶의 여유를 가지며 그다음 투자를 준비하는 것이 성향에 맞다. 그리고 그런 선택을 한 지금의 내 삶에 나는 무척 만족한다.

상황이 이러하니, 노동으로 생각되었던 방송 일이 이제는 즐겁다. 생존하기 위해 경쟁에 쫓기며 하는 것이 아니라, 쉬면서 그다음을 준비하기 위해서 하는 일이 되었으니 말이다. 그러다 보니 방송 분야도 개그보다는 자연스럽게 시사 경제 분야로 바뀌고 있는 중이다. 예전처럼 일주일 밤을 새워 녹화를 준비하고 피디에게 검사를 받는 일 역시 하지 않는다. 녹화 하나하나에 일희일비하지 않으며, 지금 하고 있는 방송이 종영되는 것을 두려워하지 않고, 하고 싶은 일을 그저 해나갈 뿐이다. 가족들과 보내는 시간이 늘었다. 결국 지금의 나는 온전한 내 삶을 살아갈 여유를 얻었다.

선택은 자유다. 나는 내 성향에 맞춰 이 길을 가고 있다. 하지만 당신이 더 많은 자산을 만들고 싶다면, 투자 공부를 계속 이어가면 된다. 나는 그 시간에 책을 쓰며 나를 돌아보고 내 경험을 나눠보고자, 지금 당신과 글로서 마주하고 있다.

주변에 한 사람이 있다. 그는 몇 번의 투자를 마치고 2000년대 중반에 한국을 떠나 외국에서 생활하고 있다. 그의 자산은 현재 수백억 원이다.

그 사람은 10년 주기로 한국에 들어온다.
외국을 떠난 이후로 그가 한국으로 들어온 시기는
단 두 번이었다.
서브프라임 모기지론 사태로 세계 경제가 박살 났던 2008년,
코로나19 바이러스가 온 지구를 마비시킨 2020년,
이렇게 두 번 말이다.

나는 그가 왜 그렇게 행동했는지를 이제야 비로소 깨우쳤다. 아는 만큼 보인다 했던가. 나는 그가 그저 부모 잘 만난 한량이라고 생각했다. 하지만 그렇지 않았다. 그저 미친 듯이 일해서 시드머니를 모으고, 그 과정에서 자기만의 비겁한 돈의 지점을 발견한 사람이었다. 그렇게 1998년 한 번의 투자를 명확하게 성공시키고, 이후

자기만의 또 다른 비겁한 돈의 지점을 그간의 경험으로 계산했던 것이다.

그리고 그 타이밍이 다시 찾아오자 한국에 들어와 본인의 투자를 성공시킨 뒤, 유유히 외국으로 나가 다음 타이밍을 기다리며 본인의 인생을 즐긴다. 그는 무리한 투자를 하지 않을뿐더러 남의 방식을 탐하지 않고, 오직 본인의 패턴에 집중한다.

지금이야 그의 투자금액이 엄청나게 크지만, 그도 처음부터 그렇지는 않았을 것이다. 그는 전업 투자자도 아니다. 본업이 무엇이냐고 물으면 육아라고 대답하는 사람이다. 그는 책을 쓰려 하지도 않고 투자 강의를 하지도 않는다. 본인은 전문투자자가 아니라고 생각하기 때문이다.

그는 항상 "현금은 쓰레기"라고 말하며 모든 자산을 가치가 떨어지지 않는 투자물로 돌려놓는다. 그가 항상 하는 말이 있다.

"시간을 쓸 수 있는 자가 진정한 부자다."

마지막 술자리에서 그는 다음 타이밍에 다시 만나자는 말을 남기고 가족들이 있는 곳으로 떠났다.

그의 투자가 당신은 어떻게 보이는가? 과연 매일 주식 차트를 들여다보며, 혹은 부동산 시세에 관심을 두며 일희일비하는 모습이 맞을까? 물론 그런 과정에서 즐거움을 얻는 사람도 있다. 내 주변에는 매일 주식 차트를 보면서 잠시도 투자 생각을 멈추지 못하고, 세상 어떤 것보다 그 일이 재미있다고 말하는 사람도 있다.

나도 쉽게 답을 내리지는 못하겠다. 전적으로 본인의 선택일 뿐이다. 즐거움이 따른다면 나는 둘 다 맞는 선택이라고 생각한다. 자신에게 적절한 투자 성향을 자신이 판단하고 선택하면 된다.

자, 당신이 어떤 선택을 하든 그것은 당신 몫이다. 여기까지 온 당신이기에 누릴 수 있는 권력이다. 나는 그저 당신의 권력을 인정하고, 진심 어린 축하를 해줄 뿐이다.

어떤 선택을 하든 투자를 알고 투자를 공부하고 투자를 필사적으로 하려는 당신의 다음을 진심으로 응원한다.

Part III,

투자와의 거리두기,
나라는 사람 찾기

1.

익숙함의 저주에서
벗어나 이제는
나를 만나야 할 때

쉰다는 것은 결국 시간을 버는 행위이다. 쉬면서 주어진 시간을 나를 위해 어떻게 효율적으로 쓸지를 고민하는 것이기 때문이다. 제대로 쉬었다는 것은 나를 위해 제대로 시간을 썼다는 뜻이다.

이제부터 당신이 선택할 쉼은, 당신의 삶을 뒤바꿀 수 있는 가장 중요한 행동이 될 수 있음을 기억하자. 쉬는 것도 성공적으로 쉬어야 한다. 그래서 이 쉼을 앞두고 당신이 했으면 하는 몇 가지 것들을 이 장에서 이야기해보려 한다.

물론 내가 누군가를 가르칠 만한 인생을 살지는 않았기에, 강하게 주장하라고 하면 못한다. 그저 내가 쉬면서 했던 것들 중, 스스로 돌이켜 봐도 '기가 막히게 잘 쉬었다'라는 생각이 들었던 경험을 공유해보려 한다.

쉬면서 내가 가장 먼저 했던 것은 온전히 나라는 사람을 마주하는 일이었다. 나를 마주하는 방법이야 수없이 많을 테지만, 나는 특히 한 가지에 집중했다. '나는 과연 무엇을 잘하는 사람인가'에 대한 질문을 끊임없이 한 것이다. 내가 과연 뭘 잘하는지도 모르고 어떤 일에 도전한다는 것은 자기 삶의 소중한 시간을 나락으로 떨어뜨리는 짓이다. 그 리스크를 없애기 위해서 나는 나라는 사람이 '잘할 수밖에 없는 일'을 찾기 위해 노력했다.

흔히 사람은 익숙한 것과 잘 아는 것을 구분하지 못한다. 너무나 익숙하기 때문에 잘 안다고 생각하지만 실상 자세히 보지 않으면 잘 알지 못하는 경우가 태반이다. 잘 안다고 생각했던 것들이 어느 날 문득 나의 뒤통수를 친다. 잘 안다고 생각했던 일들이 실은 제대로 아는 게 아니었음을 깨닫는다.

흔히 그런 것들을 지나고 나서야 알게 되는 것들이라고 표현한다. 헤어진 연인의 속마음이 그렇고, 부모님의 사랑이 그렇다. 어느 순간 서먹해져 버린 오랜 친구와의 관계도 그렇다.

지나고 나서야 알게 되는 것들 중에는 자신의 삶도 포함되어 있다. 내 인생을 사는 것은 나이지만, 정작 내가 무슨 일에 흥미를 갖고 있으며, 내가 무엇을 잘하고, 또 하고 싶은 일은 무엇인지에 대해서도 잘 모르는 경우가 많다. 온전히 알지 못하기 때문에 헤맨다. 그러다 보면 어느새 삶의 많은 시간이 지나가 버린다.

'그땐 그랬지'라는 생각과 '그때 그럴걸'이라는 회한이 모든 중년의 술잔에 깃드는 것은, 스스로 채 알기도 전에 많은 시간이 흘러버린 탓이다. 모두 이번 생은 처음이라 서툰 탓이다.

나 역시 그랬다. 그래서 내가 쉬면서 했던 첫 번째는 나에 대해 끊임없이 알아가는 일이었다. 삶에서 가장 중요한 나 자신이 훗날 후회의 원인이 되지 않게 하기 위해서다.

무언가에 대해 알아가려면 관찰하고 질문해야 한다. 하지만 자기 자신을 유심히 관찰하거나 자신에 대해 질문하는 사람은 흔치 않다. 관찰과 질문 모두 결국 시간이 필요한 행위다. 이렇게 보면 결국 자기 자신을 위해서 시간을 쓰는 사람은 많지 않다.

개그맨이 되기 전 나는 매일 이런 질문을 했다. '내가 과연 이 일을 잘 해낼 수 있을까?' '내가 무대에 나가 대중 앞에 설 만한 자격이 있나?' '나는 이 일을 왜 해야 할까?' 나 자신에게 끊임없이 물었다. 결국 나는 온전히 나에 대해 알아가겠다고 결심했고, 그 생각이 들 때마다 나의 매력과 장점이 무엇인지 노트에 적어나가기 시작했다.

고백하건대 나는 웃긴 사람이 아니었다. 웃기기는커녕 남 앞에 서는 것이 너무 부끄러웠다. 스무 살까지 이성과 대화라도 하려고 하면 얼굴이 빨개져 있을 정도였다. 중고등학교 시절 장기자랑 대회라던가 심지어 반장, 부반장 선거도 남 앞에 서기가 부끄러워 한 번도 나가본 일이 없다. 이런 내가 개그맨이 되겠다고 했으니 주변 사람들이 얼마나 나를 비웃었겠는가.

심지어 부모님조차 밤새 아이디어 회의를 하고 공연한 뒤 집에 들어가면 "너 요즘 도둑질하고 다니니?"라고 묻기도 했다. 개그맨이 되겠다고 했더니 우리 친형은 "지금 그 말이 제일 웃겼다"고 말했다. 그 말을 듣고 내가 이 일을 포기했다면 내게 과연 무엇이 남았을까?

내가 포기하지 않을 수 있었던 이유는, 남의 말에 흔들리기에는 이미 나 자신에게 수없이 질문을 던졌던 시간 속에서 단단해져 있었기 때문이다. 그 시간만큼 나를 알아갔고, 내가 개그맨을 할 수 있을 것이라는 자신감을 얻었다.

결국 나 자신에 대한 믿음을 만들어준 질문들 덕분에
나는 여기까지 올 수 있었다.

개그맨이라는 진로를 고민하던 중 가장 많은 질문을 스스로에게 던진 때는 옛 을지로 미도파백화점에서 보안요원으로 아르바이

비겁한 돈

트를 할 때였다. 일이 없어서 우두커니 앉아 있는 시간이 많았는데, 그때 나는 나에게 물었다. 과연 나의 장점은 무엇인가를 말이다. 그래서 장점을 50개만 적어보자고 마음먹고 그 작업을 시작했다.

처음 다섯 개까지는 쉽게 나왔다. 이 책을 읽고 있는 여러분도 시간이 되면 나의 장점 적기를 꼭 해보시라. 우선 장점을 여섯 개 이상 적기가 굉장히 힘들다는 것을 깨닫게 될 것이다. 하지만 열 개가 넘어가는 시점부터 온전히 스스로에게 집중하고 있는 나를 발견한다. 그렇게 나도 몰랐던 나의 장점들을 찾아가기 시작했다.

그때 찾은 내 장점 중 하나가 글 쓰는 것을 좋아하는 것과, 아버지에게 훈련받은 대로 신문을 매일 본다는 것이었다. 나는 지금까지도 이 습관을 이어가고 있다.

또 다른 장점은 친구들이 내 말투를 자주 따라 한다는 것이었다. 그만큼 억양에 특색이 있었고, 목소리 또한 어느 정도 뒷받침된다는 것도 알아냈다.

돌아보면 개그맨으로 잘나가던 시절 내가 했던 거의 대부분의 유행어는 애드리브이거나 누군가의 모방이었다. 예를 들어 "조사하면 다 나와"라는 유행어는 한 단락이 끝나고 넘어갈 때 특별히 할 말이 없어 무대에서 뱉은 말이었다. 글과 책을 좋아하고 자주 접하면서 사고력을 키우고, 남의 것을 자주 따라 하면서 관찰력을 키운 덕분이라고 생각한다. 이것들이 합쳐지니 순간적인 애드리브에 강해질 수 있었다. 내가 했던 모든 성취들은 내가 발견한 내 장점들이 해낸 결과였다. 누군가가 준 선물이 아니었다.

50개를 채우려니 하도 장점이 없어서 심지어 마지막에 가서는 '손가락이 예쁘다' '웃을 때 귀여운 것 같다' '키가 작지만 가끔 귀엽다는 말을 듣는다'는 말도 안 되는 장점들을 적었다. 지금 생각해도 웃기고 얼굴이 붉어지는 말들이지만, 이렇게 나는 나도 몰랐던 나의 장점을 찾기 시작했고, 50가지 장점 목록을 완성했을 때 확신했다. 내가 개그맨이라는 직업으로 성공할 수도 있겠다는 것을 말이다.

나에 대해 제대로 알고 시작한 개그맨 생활이었기에 슬럼프가 없었다. 개그가 잘 짜이지 않을 때도 있었지만 스스로를 의심하지는 않았다. 자기를 안다는 것은 그런 것이다.

투자도 같은 맥락이다. 우리는 쉬면서 나 자신에게 맞는 투자는 과연 무엇인가에 대해 고민해야 한다. 투자할 때의 나의 장점을 찾아야 한다. 자기를 잘 알고, 자기로부터 출발한 행동에는 주저함이 없다. 투자는 결국 혼자 하는 일이다. 내가 투자를 좋아하는 이유 중에 하나다. 온전히 혼자 결정해서 한 행동들이 고스란히 나의 성적표가 된다. 혼자 결정해야 하고 그 결정에 책임져야 한다. 누구누구 따라 하기식의 투자로 성공해본 적이 나는 없다.

'누구처럼'의 문제가 아니다.
결국 '나다운가'의 문제다.
나다운 투자를 하기 위해서
그 전에 반드시 자신이 누구인지를 알아야 한다.

개그맨을 쉬고 2014년부터 투자 공부를 하면서 나는 다시 내 장점을 적는 일을 했다. 투자할 때에 과연 나의 장점은 무엇인지 50가지 목록을 적었다. 이처럼 쉬면서 내가 했던 첫걸음은 나의 투자 성향을 알아보는 것이었다.

쉬면서 나의 성향에 어떤 투자가 맞는지를 고민하며 적어낸 결과 나는 깨달았다. 단시간 내에 선택해야 하는 투자 종목은 나에게는 맞지 않았다. 나는 충분한 시간을 고민하고 난 뒤에야 비로소 결정하는 사람이었다. 애드리브야 재미를 위해서이고 실패해도 잃을 게 없기에 망설임이 없었지만, 순간의 선택이 자칫 마이너스로 이어지는 투자 상황은 달랐다. 그런 상황이라면 나는 순간의 기지를 발휘하기보다 오랜 시간 고민하고 결정해야 안심하는 사람이었다.

같은 이유로 나는 도박을 좋아하지 않는다. 단시간 안에 결정을 내리고 행동하는 일은 나와는 맞지 않는다. 그렇게 내린 결정은 항상 악수였다. 바둑 격언 중에 '장고(長考) 끝에 악수(惡手) 둔다'는 말이 있지만, 나에게는 해당하지 않는 말이다. 진득하게 생각하며 길목을 지키고 서 있다가 타이밍을 기다려 행동하는 것이 나에게는 딱 맞았다. 온전히 나 자신의 투자에 대한 그림을 그리면서, 나는 내 장점 목록을 통해 나만의 루틴을 찾아냈다.

나는 성급하게 답을 얻으려 하지 않는다는 장점 역시 가지고 있었다. 흔히들 책에서 말하는 '빨리 부자가 되고 싶다면 빨리 부자가 되려 하지 마라'는 말을 나라면 실현할 수도 있겠다고 생각했다.

그렇게 알아갔다. 내가 어떠한 투자 대상을 선택해야 하고, 어떠한 방식으로 투자해야 하는지를 말이다. 누가 알려준 것은 아무것도 없었다. 누구의 조언을 받은 것도 없었다. 쉬면서 다시 들여다본 나라는 사람의 천성과, 그런 내 천성에 가장 알맞은 방법을 스스로 알아갔을 뿐이다.

어쩌면 그래서 훨씬 더 많은 돈을 벌 기회를 날렸을지도 모른다. 주변에서 성공한 투자자들이 가끔 고급 정보나 좋은 이야기를 들려주려 해도, 그 말을 맹신한 적이 단 한 번도 없기 때문이다. 한 투자 전문가는 나에게 이런 말을 했다. '왜 당신은 어떤 종목에 투자

비겁한 돈

해야 하는지를 묻지 않느냐'고 말이다. 내 대답은 이랬다. '어떤 종목을 알려줘도 난 그것으로 돈을 벌 자신이 없어서'라고.

누군가가 좋은 투자물을 알려줘도 온전히 내 것이 아니라면, 그것을 어느 시기에 팔아야 하고 어느 시기에 사야 하며 얼마나 기다려야 하는지 알 수 없다. 아무리 수익이 100%가 넘는 좋은 펀드를 알려줘도 수익률이 사람마다 제각각인 이유다. 결국 나를 알지 못하면 너무 일찍 팔거나, 시기를 놓쳐 너무 늦게 팔 것이다.

한없이 좋은 쪽으로 생각해서 그들의 말이 다 맞았다고 생각하더라도 결론은 마찬가지다. 누군가의 방식을 따르거나 배웠다면 더 빨리 배웠을지도 모른다. 돈을 더 벌었을지도 모른다. 하지만 그렇게 했다면 지금 나는 이 책을 쓰지 못했을 것이다. 남의 덕으로 만들어진 성공에 내가 전할 메시지 따위가 있을 리 없기 때문이다. 무엇보다 그렇게 했다면 모르긴 몰라도 수없이 흔들렸을 것이다. 누군가를 의심했을 것이고, 괜히 남의 탓으로 돌렸을지 모른다. 그러는 사이에 나는 나를 잃어버렸을 것이다.

유혹에 흔들릴 때마다 명심하고 또 명심했다.

자기의 삶은 오직 자기로부터 출발해야 한다.

여러 번 강조하지만, 투자에 임할 때도 자기가 어떠한 사람인지 알아야 한다. 쉬면서 해야 하는 첫 번째는 이처럼 거울에 마주 앉듯 자신을 온전히 들여다보는 일이 되어야 한다. 쉬면서 나 자신의 장점을 찾아보기를 권해본다. 어떠한 방식이라도 좋다. 이것 역시 본인의 성향에 맞는 방식이 있다. 쉬면서 내가 누구인지, 내가 뭘 잘하는지를 찾아보는 시간이 되었으면 한다.

누가 말해주지 않아도 그 시간을 통해 알게 될 것이다. 자신이 어떠한 투자를 해야 하는지를.

2.

돈에 대한 정의를
나답게 세워보기

어쩌다 쉬는 날을 맞으면 아무 생각 없이 늘어져 쉬게 마련이다. 그러다 쉬는 날이 하루하루 길어질수록 잡생각이 많아진다. 최근에 먹었던 식당의 음식이 어땠는지부터 한동안 연락이 끊긴 친구까지, 규칙도 방향도 없이 잡생각들이 쏟아진다.

이렇게 보면 쉰다는 것은 일하느라 꽉 채워지기만 했던 머릿속을 정리하고 비워내는 과정이자, 빈자리에 새로운 것들을 채워 넣는 과정이 아닐까 한다. 비워야 채워진다지만, 어쩌면 비어 있는 것을 지독히도 못 견디는 것이 인간의 본성일지도 모르겠다. 생각 없이 오랫동안 쉴 수 있는 사람은 그래서 흔치 않다.

비겁한 돈

목적 없이 쉴 때는 머릿속 생각들도 방향을 잃고 쉽게 흩어지지만, 어떠한 목적을 위해 의도적인 쉼을 가질 때는 그 목적에 대한 생각들이 주로 머릿속을 채운다. 돈이라는 목적을 위해 쉼을 선택했던 내게도 돈 자체에 대한 생각들이 자연스럽게 찾아왔다. 나는 그런 생각들을 허투루 흘려보내지 않았다. 오히려 오랜만에 찾아온 반가운 손님을 맞이하듯, 그 생각들을 하나하나 정성스레 맞이하고 들여다보기 시작했다.

쉬면서 비로소 돈에 대해 처음으로 제대로 마주하고 생각하기 시작한 것이다.

그러다 보니 자연스럽게 돈에 대해 나 스스로 던지는 질문들이 늘어갔다. 그 질문들 하나하나를 통해 나라는 사람의 그릇에 담긴 돈을 관찰할 수 있었다.

가장 인상 깊은 질문은 두 가지다.

첫 번째 질문, 내게 돈이란 무엇인가.

내가 맨 처음 했던 질문은 '내게 돈이란 무엇인가'이다. 사실 늘 벌고 쓰기에만 바빴지 그전까지 돈 자체에 대해서 제대로 생각해 본 적이 없었다. 아마도 많은 사람들이 돈을 많이 벌고 싶다고만 생각하지, 돈 자체가 자신에게 어떤 의미인지에 대해 깊이 생각해볼 기회가 없었을 것이다.

제대로 마주하고 바라보니, 돈은 내 삶을 가장 나답게 만들어주는 친구였다. 나다운 삶을 살기 위해서는 내 시간이 온전히 나를 향해 있어야 한다. 내 시간이 온전히 나를 향하게 만들려면 내가 해야 할 일들을 대신 해줄 무언가가 필요하다. 그리고 그 무언가는 대부분 돈으로 해결할 수 있다.

청소가 귀찮으면 자동 청소기를 사면 되고, 설거지가 귀찮으면 세척기를 사면 된다. 밥하기가 귀찮으면 배달시켜 먹으면 되고, 집안일이 하기 싫다면 대신해줄 사람을 고용하면 된다. 돈으로 내 노동을 아낄 수 있는 서비스는 무수히도 많다. 거의 모든 것들을 해결할 수 있다. 물질만능주의니 속물이니 하며 나를 마음껏 비난해도 좋다. 어쨌든 나는 돈을 그렇게 생각했다.

돈은 내가 해야 할 일을 대신해주는 도구이다. 돈은 그렇게 해서 남은 시간을 온전히 나를 위해 쓰게 해주는 도구다. 게으른 내가 그토록 싫어하는 노동을 대신해주는 것 역시 돈이었던 것이다.

경제적 자유에 대한 수많은 정의가 있지만, 그 순간 나는 경제적 자유를 이렇게 정의했다.

경제적 자유는 내가 내 시간을 마음대로 쓰더라도
경제적으로 아무런 어려움이 없는 상태이다.
즉 경제적 자유란

돈이 아닌 시간을 사는 행위다.

결국 돈이란 온전한 내 시간을 말한다. 내 인생에 대입해 설명해 보자면, 아침에 일어나 내일 무대에서 무엇을 해야 할지 고민하지 않아도 된다. 무엇으로 웃길지 머리를 싸매며 밤새워 아이디어 회의를 하지 않아도 된다. 방송이나 프로그램이 없어져도 크게 상심하지 않아도 되는 상황인 것이다.

방송 일을 오래 하려면 '인기'보다 '거절'에 익숙해져야 한다. "수고하셨습니다. 다음 주부터는 안 나오셔도 됩니다"라는 말을 수없이 들어야 한다. 물론 내 능력이 부족해서 벌어지는 일들이 대부분이겠지만, 능력과 상관없는 상황도 꽤 많다. 결국 방송국도 돈의 논리로 돌아가는 곳이니 말이다.

거기다 그 어떤 직업보다 해고도 빠르다. 국민적인 인기를 끌었던 〈무한도전〉이나 〈런닝맨〉처럼 오랜 기간 인기를 유지하는 프로그램은 사실 거의 없다. 날마다 취업 걱정을 해야 하고, 실직에 대한 두려움에 떨어야 한다. 매달 일정하게 꽂히는 월급도 없다.

방송국은 프로그램도 참 쉽게 없어진다. 내가 그동안 출연했다가 없어진 프로그램만 해도 아마 300개는 넘을 것이다. 그러니 나는 300번이 넘는 실직을 경험한 셈이다. 미리 없어진다는 것을 알려주지도 않는다. 심지어 개그 프로그램을 몇 달을 준비해 녹화를 떴는데 결정권자가 마음에 들어 하지 않는다는 이유로 방송에 내보내지 않으면 그 주의 출연료는 없다.(나중에는 편집되더라도 60%의 출연료를 지급하는 것으로 바뀌긴 했다.) 철저하게 쓰이다가 냉정하게 버려지는 곳이다.

이런 일들이 반복되면 사실 화가 난다. 방송국만 이럴 것이라고 생각하지 않는다. 많은 직장인들도 마찬가지일 것이다. 결국 회사가 날 쓰지 않으면 그대로 실업자가 된다. 실직에 대한 걱정이 내 삶을 갉아먹는 이런 상황으로부터 언젠가는 자유로워지기를 수없이 희망했다. 누군가로부터, 어떤 회사로부터, 버림받는 것을 두려워하지 않아도 되는 상태, 그래서 내 시간을 온전히 나만을 위해 쓸 수 있게 되는 순간이 오기를 희망했다.

그리고 그 답은 결국 돈이었다. 실직을 걱정할 시간에 온전히 내가 좋아하는 취미생활을 하고 가족들과 함께 시간을 보내며, 내가 하고 싶은 일을 하는 데 시간을 쓸 수 있는 것이 바로 경제적 자유인 것이다.

나는 경제적 자유의 반대말은 노동이라고 생각한다. 자유가 없으니 내 시간과 노동력을 생활비를 벌어들이는 데 써야 한다. 경제적 자유가 없으니 내 금과 같은 시간과 노동력을 나 자신이 아닌

타인의 것, 즉 회사에 팔아야 하는 것이다. 하기 싫은 출근을 해야 하고, 퇴근 시간만 기다리며 의미 없이 하루를 낭비해야 한다. 이런 것들을 하고 싶지 않다면 결국 그 소원을 이루어주는 도구인 돈의 도움이 필요하다. 온전한 나 자신을 완성해나가게 만드는 것은 결국 돈이었다.

이런 생각이 들고부터 나는 돈을 무시하지 않게 되었다. 아니, 무시하기는커녕 칭송하게 되었다. 돈을 천하다 여기지도 않고, 돈을 쫓는 일을 부끄럽게 생각하지 않게 되었다. 돈이야말로 '자기다움'을 선물해주는 가장 강력한 도구인 걸 알게 되었기 때문이다. 돈에 대해 흔히들 갖는 잘못된 고정관념을 모두 걷어내고 나니, 돈에 대해 누구보다 진심일 수 있었다.

현실을 있는 그대로 바라보며, 그 속에서 돈의 가치를 마주했다. 그 진심의 눈이 있었기에 결국 나는 비겁한 돈의 지점을 만날 수 있었다. 지속적인 관심과 사랑의 눈으로 돈을 바라보니 어느 순간 그 길이 열렸다. 이 기회의 시간은 그동안 준비하며 기다렸던 시간들을 충분히 보상하고도 남았다.

돈은 얍삽하고 비겁하고 게으르게 그것을 벌어들일 준비를 한다고 해서 나에게 손가락질하지 않는다. 변명도 필요 없고 누구 탓을 하게 만들지도 않는다.

내가 요즘 좋아하는 말 중에 이런 말이 있다.

"행동으로 논리를 대변하고 결과로써 과정을 증명한다."

프로그램 〈강철부대〉에 나왔던 말이다. 이 말이 정답이다. 돈은 철저하게 이 말의 가치를 증명한다. 내가 공부하거나 아이디어를 짜기 위해 책상에 눌러앉아 있는 시간이 짧다며 혼나지도 않는다. 그저 낮 12시에 일어나 주섬주섬 옷을 주워 입으며 좋은 컨디션으로 여유롭게 생각할 자유를 가져도 된다. 게으른 사람이라고 손가락질 받지 않아도 된다. 결과로써 과정을 증명하니 말이다.

나는 방송계에서 일하면서 화려하게만 보이는 이 방송계가 실상은 비합리적이고 비상식적인 일들이 수없이 존재함을 온몸으로 경험해왔다. 그리고 그것을 피하는 가장 좋은 방법은 적당히 거리를 두고 여유를 갖는 것임을 알게 되었다. 그렇게 하고도 살아갈 수 있는 힘을 기른다면 말이다. "요즘 왜 방송에 안 나오세요?"라는 말을 듣고도 그냥 웃으며 지나칠 수 있는 것도 돈이 있기에 가능했다. 결국 온전히 돈과, 그 돈이 만들어주는 나만의 시간을 가지면 된다. 나는 쉬면서 돈을 마주하며 이 사실을 깨달았다.

비겁한 돈

두 번째 질문, 내게 얼마만큼의 돈이 필요한가

두 번째 질문은 그렇다면 내게 얼마만큼의 돈이 필요한가였다. 앞서 말한 경제적 자유를 누리기에 충분할 정도면 된다고 생각했다. 그 돈이 결코 수천억 원은 아닐 것이다. 40대 초반의 내가 앞으로 남은 시간을 그저 온전히 나에게 쓸 수 있을 정도면 족했다.

먼저 내가 한 달에 어느 정도를 쓰는지를 따져보았다. 다음으로 그 돈을 죽을 때까지 쓰면서도 원금이 없어지지 않는 방법을 고민했다. 지금 내가 하는 투자는 이 지점에서 출발했다.

수천억 원을 벌겠다는 욕심은 애초에 없었다. 그랬다면 난 한류 스타가 되기를 바랐을 것이고, 스타트업을 시작해 상장을 노리고 있었을 것이다. 그 일이 얼마나 고달프고 힘들지도 알고, 그런 재능이 내게 없다는 것도 안다. 아니 꿈도 꾸지 말아야 한다는 것을 알기에 현실에 맞는 계획을 세웠다.

그저 나답게 쓰면서, 내가 하고 싶은 일을 아무 부담 없이 하면서 내 원금을 훼손하지 않을 정도의 파이프라인을 설계하면 된다. 즉, 월급을 받지 않아도 월급이 나오는 흐름을 새롭게 설계하면 된다.

그 일을 지금도 나는 하고 있다. 나의 투자 역시 현재진행형이다. 우선 내가 가지고 있는 현금을 거의 없앴다. 현금은 결국 가치가 떨어진다는 것을 알았기 때문이다. 초등학교 때 그토록 먹고 싶던 자장면이 600원이었고, 당시 압구정 현대아파트 한 채의 가격이 8000만 원이었던 것을 생각해본다면 간단히 답이 나온다. 이상의 사실을 종합해본다면 지금 내가 가지고 있는 현금을 가치가 떨어지지 않는, 오히려 그 가치가 상승하는 무엇인가로 바꿔놓아야 한다는 결론이 나올 것이다. 심지어 가치가 상승하면서 달마다 현금의 흐름이 발생하는 것이 무엇인지는 너무나 쉽게 답이 나온다. 배당금이 나오는 우량주일 수도 있고 다달이 월세가 나오는 부동산일 수도 있다.

지금의 나는 오늘 당장 방송 일을 그만두더라도 아쉽지 않다. 되려 그 시간을 활용해 그토록 해보고 싶었던 다른 일을 할 것이다. 지금 책을 쓰고 있는 것처럼 말이다.

나는 내가 하고 싶은 일을 하기 위해 대부분의 시간을 준비하며 보냈고, 하고 싶은 일 중 가장 큰 것이 투자였다. 지금은 투자가 나의 일상이 되었다. 이 일상이 즐겁다. 내가 하고 싶은 일만 골라서 할 수 있으니 말이다. 이 길은 온전히 나만의 길이다. 사람들이 왜 이렇게 돈을 버냐고 물으면 나는 당당하게 내 삶을 위해 번다고 말한다.

그 구체적인 이유까지 말할 수 있게 되니 지금 하고 있는 일이 정말로 나의 일이 되는 것 같다. 얼마만큼의 돈이 필요한지 알게 되니 그 돈을 언제까지 모을지를 결정할 수 있었다. 그걸 결정하고 나니 해야 할 행동들이 눈에 보였다.

'내게 얼마만큼의 돈이 필요한가'는 사실 톨스토이의 단편 소설 《사람에게는 얼마만큼의 땅이 필요한가?》에서 착안한 질문이다. 재미난 것은 나의 결론이 이 소설과는 완전히 반대되는 지점을 향해 있다는 것이다. 사람에게 필요한 땅이란 그저 죽고 난 뒤 묻히기에 충분한 몇 평에 불과할지 몰라도, 나는 아직 그런 수준의 무소유에 다다르지 못했다. 솔직히 다다를 생각도 없다.

단지 지나친 탐욕이 나를 잡아먹기 전에 냉정히 내 욕구의 크기를 정확히 계산했고 또한 인정했다. 그럼으로써 이 욕구를 해소하기 위해 해야 할 일들과 방향을 구체적으로 정했다. 이때의 질문이 현재의 내 삶과 앞으로 10년의 내 삶의 계획표를 만들었다. 그러니 쉬면서 했던 질문 중 꽤나 가치 있는 질문이었다고 생각한다.

이외에도 돈에 대해 쓸데없는 질문들을 참 많이도 했던 것 같다. '돈은 누가 만들었을까?' '달러가 진짜 망하지 않을까?' '만약 10만 원권이 생기면 거기에는 어떤 위인이 들어가야 할까?' 따위의 온갖 질문들 말이다. 하지만 개중에 몇몇 제법 괜찮은 질문들도 있었다. 그 시간을 통해 나는 성장했다.

그 밖에도 돈에 대한 물음은 더 많이 있을 수 있다. 스스로에게 돈에 대해 물어보길 권한다. 그 물음에 대한 답을 하나하나 찾을수록, 돈이 반드시 필요한 이 세상에서 내가 어떠한 자세로 어떻게 행동하며 살아가야 하는지를 자연스럽게 정의할 수 있을 것이다. 자연스럽게 '당신만의 돈의 길'을 만들 수 있게 될 것이다.

'내게 돈이란 무엇인가'라는 질문을 통해
나는 돈을 무시하지 않게 되었다.
'내게 얼마만큼의 돈이 필요한가'를 알게 되면서
내 계획의 초석을 세울 수 있게 되었다.

이제 나는 이런 투자와 경제적 자유를 바탕으로 '미래에 무엇을 하고 싶은지'를 적고 있다. 돈에 대해 정확하게 생각하고 정의 내리지 않았다면 현재의 경제 상황을 걱정하고 있겠지만, 이제는 미래에 무엇을 하고 싶은지에 대해 생각할 수 있게 되었다.

나는 지금 또 다른 계획을 세우고 있다. 앞으로 완벽한 경제적 자유를 이뤘을 때의 하고 싶은 일에 대해 적어나가고 있다. 그중 하나로, 언젠가 이 모든 투자의 마무리가 될 때쯤 신랄한 풍자 코미디에 도전하고 싶다. 그 누구의 눈치도 보지도 않고 돈 때문에 하는 방송이 아니니 그때쯤에는 가능하지 않을까 생각한다.

비겁한 돈

3.

쓰는 것에 대해 새롭게 정의내려보기

자신의 수중에 돈이 모인다는 것은 둘 중 하나다. 쓰는 것보다 더 많이 벌고 있거나, 버는 것보다 덜 쓰고 있거나. 말장난 같아 보이지만 이 두 가지는 사실 다른 관점이다. 전자는 수입의 비중을 늘리는 것이고, 후자는 지출의 비중을 줄이는 것이다. 대부분의 사람들은 전자에 관심이 있다. 하지만 후자 역시 깊게 생각해봐야 할 문제이다.

일을 하고 있을 때는, 특히 투자하는 동안에는 아무래도 수입을 늘리는 것에 관심이 많이 간다. 어떻게 더 많이 벌지에 대한 관심 말이다. 하지만 투자 활동을 쉬거나, 특히 경제 활동을 아주 쉴 경우에는 후자, 즉 지출을 줄이는 부분에 대한 생각이 깊어진다. 시간이 허락되고 경제 활동을 하지 않는다면, 이 시간의 대부분은 지출하는 데 쓰기 때문이다.

대부분의 사람들은 소비 행위에 대해 정의하지 않는다. 하지만 많은 돈을 모은 사람들의 일관된 특징 하나는 돈을 쓴다는 것에 대한 명확한 개념 정의가 있다는 것이다. 그렇기 때문에 쉬는 동안 나의 소비에 대해 한 번쯤 정의를 내려 보는 것은 여러모로 삶에 도움이 된다.

가난한 자는 버는 것에만 매몰되어 있고,
부유한 자는 쓰는 것에도 관심을 가진다.

분명 소비는 그 자체로 즐거운 일이다. 하지만 곰곰이 뜯어 생각해보면 이 즐거운 일 역시도 '어디에 쓸 때 즐거운가'가 각자 다르다. 나는 여태껏 내가 소비 그 자체를 좋아한다고 착각하고 살았다. 내가 돈을 어디에 어떻게 썼을 때 행복한지 깨닫기 전까지는 말이다.

여담이지만, 깨달음 직전의 모습은 착각이라는 생각이 든다. 뭔가를 진정으로 알기 전까지는 착각의 연속이다. 한창 방송 활동을 할 때, 그야말로 인기가 좋을 때, 이 인기가 평생 갈 것이라 착각하고 살았다. 그러다 보니 일정 수준으로 내가 하는 소비가 타당하다고 생각했다.

나는 말도 안 되는 소비를 하며 살았다. 무슨 재벌이라도 된 것처럼 명품을 사며 자랑했고, 나와 어울리지도 않는 고가의 외제차를 일 년에 한 번씩 바꿨다. 그게 연예인의 삶이라며 만족스러워했다. 그야말로 '연예인 병'이었다.

하지만 그것은 그저 내 망상이었다. 아직도 그때의 내 모습을 후회한다. 무언가 채워지지 않는 공허함으로 헛된 소비를 하며 남는 건 후회와 텅 빈 잔고였다. 주변에서 얼마나 나를 비웃었을지, 요즘도 그때의 모습을 떠올리며 '이불 킥'을 하고는 한다. 그저 잠깐 좀 웃겼을 뿐인 별 볼 일 없는 사람이 어울리지도 않은 명품을 걸치고 외제차를 끌고 다니며 소비를 과시했으니, 그 꼴이 얼마나 웃겼겠는가. 베블런이 만약 살아 있다면 내 모습을 보고 외쳤을지도 모른다. "보라, 내가 주장했던 '과시적 소비 현상'* 의 가장 확실한 예가 저기 저 멍청한 황현희에게 있노니!"

내가 어떻게 이 소비에 대한 병을 고쳤는지 이야기해보려 한다.

---

* 미국의 사회학자 소스타인 베블런의 《유한계급론》에서 유래한 것으로, 일부 상류층의 과시욕 때문에 고가품의 소비가 증가하는 현상. 베블런 효과라고도 한다.– 편집자 주

비겁한 돈

나의 소비 패턴은 바뀌었다. 이제는 지금의 소비가 더 즐겁게 느껴진다. 소비 습관을 고치기 위해 특별한 노력을 하거나 남의 도움을 받지는 않았다. 그저 쉼을 통해 좀 더 깊게 파헤쳤다. 나는 '돈을 어떻게 쓸 때 가장 즐거울까'라는 질문을 스스로에게 던져본 것이다. 내가 좋아하는 것이 무엇인지 깊게 고민하며, 나를 즐겁게 하는 소비가 무엇인지에 대한 답을 찾아나갔다.

예전에 아내가 고가의 바디워시를 사 와서 쓰는 것을 보고, '그렇게 좋은가' 하고 써본 적이 있다. 손바닥 정도 크기의 통에 들어 있는 그 바디워시는 10만 원이 넘었다. 하지만 막상 써봐도 그게 그거라는 생각밖에 안 들었다. 아무리 생각해도 고가와 저가의 차이가 내게는 안 느껴지더라. 오히려 고가라는 것을 인지하고 있으니 쓸 때마다 백 원짜리 동전 크기 이상을 짜내기가 아까웠다. 내가 느끼기에는 향이 특별한지도 잘 모르겠고, 동전 크기 정도만 쓰려니 거품도 충분하지 않았다. 어느새 샤워가 나에게 스트레스가 됐다. 나에게는 이런 소비가 전혀 맞지 않는다고 생각했다.

결국 어느 날 나는 4kg짜리 대용량 모텔용 바디워시를 주문했다. 양이 줄어들거나 말거나 개의치 않고 마음껏 쓰니 후련했다. 지금도 마음껏 쓰고 있다. 샤워는 샤워다워야 한다며 싸구려 바디 워시의 거품을 즐기니 너무나 만족스러웠다.

물론 이건 내 얘기일 뿐이다. 무슨 바디워시 하나 가지고 이렇게까지 이야기하나 싶은 사람도 있을 것이다. 고가의 바디워시를 쓰면서 만족감을 느끼는 사람은 그냥 그런 소비를 하면 된다. 내가 말하고 싶은 점은 무조건 알뜰해야 한다는 게 아니다. 사람마다 느끼는 소비의 가치가 다르다는 것이다.

다만 안타까운 점은, 우리는 다른 사람의 눈에 잘 보이기 위해 많은 것들을 소비한다는 사실이다. 내가 무엇에 대해 만족하는 사람인지도 모르고 말이다.

내가 했던 이 모든 것들은 결국, '온전히 나를 향한 소비란 무엇인가'라는 질문에 대한 답이었다.

나는 내 만족을 위해 돈을 쓰는 것을 좋아한다는 걸 알았다. 이런 사실을 깨닫고 소비의 패턴을 내 생활 전부에 녹였다. 결국 돈이 있다고 해서 비싸고 좋은 것을 사기보다는, 내가 만족하는 형태의 소비를 할 때 훨씬 큰 행복감을 느낀다는 것을 알았다.

또 내게 돈은 더 이상 과시의 대상이 아님을 확실히 깨달았다. 바디워시 하나조차 가성비가 좋지 않으면 쓰기 꺼려지는 것이 나라는 것을 알게 됐다. 수천만 원의 명품이나 수억 원의 차가 내게 즐거움을 주지 않았다. 오히려 혹여나 조금이라도 상할까 봐 애지중지하면서 마음을 어지럽힐 뿐이었다. 입기 편한 옷을 입고 내게 익숙한 차를 계속 타는 것에 훨씬 만족감을 느꼈다.

돈이 있다고 누군가에게 과시하고, 돈을 많이 번다는 사실을 비싼 물건을 통해 증명하는 일이 내겐 덧없었다. 말 그대로 돈으로 자신을 치장하지 않고, 온전히 돈으로 나 자신의 편함만을 추구하는 것이 내가 돈을 행복하게 대하는 방법이었다.

나는 아직도 4kg에 만 원짜리 바디워시를 쓴다. 반의 반값으로 할인한 5000원짜리 티셔츠를 5년째 입는다. 2만 원짜리 와이셔츠를 입고 방송을 한다. 사람들은 물어본다. 셔츠의 브랜드가 어디 것인지 말이다. 보세라고 말하면 검소하다고 칭찬하지만, 때론 묘한 눈빛을 보일 때도 있다. 그 눈빛이 어떤 의미인지 잘 알고 있다. 나도 한때는 수입에 맞지 않는 소비를 하는 사람을 그런 눈으로 본 적이 있으니까. 지지리 궁상맞다고 말해도 된다. 그런 말에 눈치를 보지 않는다. 나 자신의 행복에 집중해서 소비하는 기쁨을 깨달았으니 이젠 그런 말이 나를 흔들지 않는다.

이제 소비의 범위를 넓혀서 보자. 앞에서도 잠깐 언급했던 외제차다. 누구나 고가의 외제차를 소유하고 싶어 할 것이다. 성공의 상징과도 같다고 여겨지니 말이다. 이 말은 사실 맞기도 하고 틀리기도 하다. 예전까지만 해도 이 외제차의 존재 자체가 드문 상황이다. 그 희소성 때문에 외제차는 선망의 대상이었다.

과연 요즘도 그런가? 한번 생각해보자. 요즘엔 누구나 마음만 먹으면 리스에 렌트에 할부로 쉽게 외제차를 살 수 있다. 희소성이 없어졌다. 집은 80만 원짜리 월세에 살면서 150만 원의 리스비를 내고 벤츠를 끌고 다니는 친구도 본 적 있다. 나는 이게 과연 무슨 의미인가 싶었다.

아무리 고가의 차라도 사서 바퀴를 땅에 굴리자마자 그 가치가 반값이 된다. 그 사실을 알아버린 후부터 나는 절대 차를 바꾸지 않는다. 차뿐만이 아니다. 가치가 떨어지는 고가의 물건은 사지 않는다. 차에 대한 가치관의 변화를 계기로, 나는 깨달았다. 나는 물건을 살 때 그 물건의 가치가 시간이 지나면서 어떻게 변화하는지를 고민하는 사람이라는 것을 말이다.

나는 시간이 지날수록 가치가 현저하게 떨어지는 것은 잘 구매하지 않는다. 물론 살아가면서 무조건 써야 하는 필수 소비재는 제외하고 말이다. 텔레비전이나 음식, 비누, 형광등과 같은 것들을 제외하고, 남들에게 과시하고 싶은 소비를 말하는 것이다.

사치품을 아예 사지 말라는 것이 아니다. 오히려 이렇게 생각하다 보니, 이왕 사치품을 구매할 것이라면 오히려 최고급을 찾는다. 예컨대 이왕 살 거라면 시계는 롤렉스를 사고, 아내에게 가방을 사려면 샤넬 가방을 사라고 말한다. 이 두 개의 재화는 결코 가격이 떨어지지 않기 때문이다. 오히려 중고 가격이 상승한다.

샤넬 가방을 사려고 백화점이 열리는 시간에 맞춰서 줄을 서 있는 사람을 보고 한심하다고 말하는 사람이 있다. 한심하다고 생각하는 것 자체가 한심하다. 그들은 일종의 경제 행위를 하고 있는 것이다. 공급이 한정적이어서 시간이 지나면 그 희소성 때문에 가치가 오르는 재화를, 가격이 오르기 전에 다른 사람보다 먼저 구입하려는 합리적인 경제 행위다. 한정판 나이키 신발이나 한정판 피규어를 모으는 일 또한 나는 합리적인 소비로 본다. 물론 과하지 않은 수준에서 말이다. 취미를 즐기며 돈을 벌 수도 있는 일 아닌가.

나는 이런 행동이 그저 SNS에 올릴 사진을 찍기 위해 비싼 레스토랑에 가는 것보다는 훨씬 더 효율적이라고 생각한다. 결국 후자는 남을 위한 소비이고 전자는 나를 위한 소비라고 생각한다.

이런 식으로 자신의 소비 성향을 규정하고 나에게 맞는 소비를 계속 즐기다 보면 투자에도 이런 자세가 적용된다. 자신의 소비 철학에 맞는 마음가짐으로 바뀐다. 나는 어제 8만 원짜리 나이키 티셔츠를 사려다가 그 자리에서 8만 원짜리 삼성전자 주식을 한 주 샀다. 이런 것에 재미를 느끼면 점점 더 투자가 재미있어진다. 티셔츠를 샀다면 3개월이 지나 장롱의 어느 한구석에 박혀 있겠지만, 주식을 한 주 사면 그 가치는 상당히 상승할 수도 있다. 그것이 돈이 나를 위해 일하게 만드는 길이라고 생각한다.

결국 나는 돈을 쓰는 즐거움보다, 돈으로 어떤 물건을 살 수 있는 능력을 키우는 즐거움이 더 큰 사람임을 깨달았다. 1억 원짜리 외제차를 사면 사는 순간에는 즐겁지만, 어느 순간 그 차가 익숙해지고 나면 내게 더이상 즐거움을 주지 못한다. 반면에 1억 원짜리 외제차를 언제나 살 수 있는 경제적 상황은 늘 내게 변하지 않는 즐거움을 준다. 그 상황을 만들 수 있다면, 그 물건을 가지지 않아도 더 행복하다.

1억 원짜리 외제차를 무리해서 사야 할 때는 그게 그토록 갖고 싶었지만, 그 차를 무리 없이 사게 되었을 때는 더이상 갖고 싶은 마음이 들지 않았다.

가난한 자는 소비에 통제당하고
부유한 자는 소비를 통제한다.

이 말의 참뜻을 알아갔다.
이때의 깨달음으로, 나는 투자로 돈을 버는 순간에도 번 돈을 소비로 증명하지 않게 되었다. 아니 증명할 필요가 없다는 것을 알았다. 소비가 아닌 투자로 늘어날 수 있는 가치에 초점을 맞췄다. 지금 내가 쓰는 이 돈이 투자에 쓰였을 때 얼마나 더 불어날 수 있는

가에 집중했다.

그렇게 불어난 돈이 내게 얼마만큼의 권력을 줄지, 내게 얼마만큼의 시간을 선물해줄지에 집중했다. 그 권력이란, 내가 하고 싶지 않은 일을 마음껏 하지 않을 수 있게 해주는 힘이다. 덕분에 투자 성공 가도를 달리면서도 결코 과소비하지 않고 과시하지 않으며 또한 자랑하지 않았다. 더 큰돈을 벌기 위해 무리한 욕심을 부리지 않고 처음 정한 금액과 계획을 착실히 지킬 수 있었다.

이건 전적으로 나의 이야기다. 얼마든지 다른 이야기가 있을 수 있다. 누군가는 과시하고자 하는 욕망이 강할 수도 있고, 그 과시욕을 채우기 위해서 더 많은 돈을 벌 의지를 만들 수도 있다. 결코 그게 나쁘다고 말하는 것이 아니다. 누군가는 소비하는 즐거움이 더 커서 세상 모든 것을 돈으로 사기 위해 더욱 열심히 투자할지도 모를 일이다.

결국 중요한 것은 어떠한 방향이든, 돈을 어떻게 쓸지에 대한 자기만의 답을 내리면, 자기만의 투자의 방향도 정해진다는 것이다. 당신도 당신만의 쉼을 통해, 당신에게 돈을 쓴다는 것이 어떤 의미인지 한 번쯤 생각해보길 권한다. 지금 당신이 하는 소비가 몇 년 뒤에는 엄청난 가치로 되돌아올 수 있음을 알아야 한다. 예전의 내 모습을 후회하고 그때 돈을 더 모았으면 어땠을까 가정하게 되는 상황을, 지금 책을 읽는 당신들은 겪지 않았으면 한다.

돈이라는 술에 어떻게 취할 것인지는
전적으로 당신 스스로 세운
소비에 대한 자기 철학으로부터 시작된다.

4.

'잔심',
쉬지만 떠나지 않게
만드는 마법

투자를 쉬는 동안에, 투자를 시작할 그 어느 미래를 위해 미리 쌓아야 하는 역량이 있을까? 이 질문을 스스로에게 던지며 내가 찾은 답이 하나 있다. 투자를 쉬면서도 투자를 떠나지 않게 만드는 마법 같은 습관 하나가 그것이다.

무언가 최선을 다해서 하는 일을 우리는 '열심히' 한다고 표현한다. 무언가에 온 정성을 쏟아붓는 일을 우리는 '진심'이라 표현한다. 그리고 생각이나 마음을 가볍게 남겨두는 것을 '잔심(殘心)'이라 부른다. 투자를 쉬는 동안 굳이 투자를 열심히, 혹은 진심으로 들여다볼 필요는 없다. 그것만으로 많은 에너지를 소모하게 될 테니까 전력투구할 필요는 없다.

하지만 항상 투자에 대해 어느 정도 마음의 여지를 남겨두고, 생각의 방 한구석을 투자에 내어주자. 이렇게 '잔심'을 두는 것은 굉장한 효과를 낸다.

잔심이란 곧 의지의 문제다.

해결되지 않은 어떤 문제가 문득문득 떠오르는 것은 그 문제를 해결하고자 하는 의지가 끊임없이 머릿속에 존재하기 때문이다. 생각을 버리지만 않으면 언젠가 어떠한 계기를 만나서 그 문제를 해결할 실마리를 찾게 된다. 평상시에 머릿속에 간간이 넣어두던 의문이 어느 순간 확 풀리는 경험을 누구나 해보았을 것이다. 그것이 바로 잔심의 힘이다. 잔심에 남겨진 의지의 힘이다.

투자 역시 마찬가지다. 항상 머릿속에 투자와 비겁한 돈의 지점에 대한 생각을 아주 구석진 곳에라도 남겨둔다면, 내가 만나는 모든 사물과 내가 겪는 모든 경험에도 이런 생각이 자연스럽게 녹아든다.

그러다 보면 어느 날 갑자기 보이게 되는 것이다. 나만의 비겁한 돈의 지점이.

잔심을 남겨두어야만 만나는 사람도 달라지고, 가고 싶은 곳도 달라지며, 행동도 달라진다. 결국은 생각마저도 달라진다. 투자를 쉬면서 나는 투자에 대해 끊임없이 '잔심'을 가지려 노력했다. 처음에는 쉽지 않았지만, 일부러 생각을 가끔이라도 그쪽으로 하려고 노력하다 보니 서서히 내 모든 상황과 시선들에 문득문득 투자의 관점이 들어오는 것을 경험했다. 노력으로 만든 이 습관은 지금도 나의 투자 활동에 큰 힘이 된다.

실제로 지금도 나는 내가 투자에 최선을 다하고 있다고 어디 가서 얘기하지 못한다. 지금도 나름 바쁜 시간을 쪼개어 방송 출연을 하고 있고, 독자들이 보고 있을 글도 쓰고 있지 않은가. 지금 당장 모든 시간을 투자에 할애하지 못한다.

나뿐만이 아닐 것이다. 전업투자자의 인생을 살지 못하는 우리, 무거운 몸을 이끌고 출근을 해야 하는, 또는 집에서 육아를 해야 하는 우리 모두의 이야기다. 일정 시간을 노동에 써야 월급이 들어오는 우리 모두의 이야기다.

그렇기 때문에 잔심이 더 큰 힘을 발휘한다.

잔심이라는 단어는 말을 어렵게 해서 그렇지, 사실은 단순한 뜻이다.

잔심은 이 세상의 모든 것을 나의 경제적 상황과 연결지어 생각하는 버릇이다.

아침에 일어나 신문 기사를 접할 때 그 기사가 투자나 경제에 끼칠 영향부터 생각하고, 내가 업으로 하는 방송계에서 누군가가 '핫하다'는 기사를 볼 때면 그가 어느 회사 소속이고 주가에는 어떻게 반영될지까지도 고려해 고민한다. 넷플릭스에서 새로운 드라마가 이슈가 된다면 그 드라마 제작사의 주가변동을 살펴보고, 유재석 선배가 회사를 옮겼다는 기사를 보면 그 매니지먼트 역시 눈여겨본다. 새로운 휴대전화 기기가 나오면 무조건 대리점으로 달려가 무엇이 새로운 기능인지 접해보고 써본다. 혹시라도 기사에 금리 인상이라는 단어가 나오는 순간, 테이퍼링이라는 단어가 나오는 순간부터 나에게 끼칠 영향을 고려한다. 유튜브에 누군가가 경제 위기가 올 수도 있다는 인터뷰가 나옴과 동시에 원 달러 환율을 들여다보고, 경제위기에는 어떻게 대응해야 돈을 벌 수 있는지를 유튜브에서 찾아본다. 하다못해 저녁 여가시간에 영화를 볼 때면 IMF 내용을 다뤘던 〈국가 부도의 날〉이라는 영화를 선택하고, 미국의 2008년 경제위기를 알아차린 사람들에 대한 영화인 〈빅쇼트〉를 다시한번 돌려보며 드럼을 치는 남자 주인공의 고민을 되새김질해본다.

이런 소소해 보이는 습관들이 잔심이다. 그리고 이런 소소함이 모여 누구도 아직 발견하지 못한 통찰의 지점을 발견하게 만든다. 그 지점이 바로 당신의 비겁한 돈의 지점이 된다.

휴가 기간에도 마찬가지다. 나는 늘 진심으로 잔심한다.

가족들과 제주도 여행을 가서도 문득 '여기 땅은 얼마일까?' 생각한다. 내가 타고 갈 휴가 성수기의 비행기 가격은 왜 이렇게 싸졌는지 생각하고, 공항에 새로 생긴 커피 프렌차이즈 개수를 눈으로 세어본다. 제주공항에 도착하자마자 제2공항의 진척사항이 궁금해 뉴스를 검색해 보고, 아직도 힘들다는 내용을 보고는 경매 사이트를 찾아본다. 주변에 버티지 못하는 매물들에 대해서 생각해 보고, 언제쯤 경매 시장에 물건이 나올지를 가늠해 본다. 바닷가를 가면 이곳의 단독주택이 왜 다른 바닷가보다 저평가되었는지 둘러보면서 나름의 이유를 찾는다.

지인들을 만날 때도 마찬가지다. 나와 친한 사람들은 잘 알겠지만, 나는 평상시 주변을 돌아다닐 때 주로 접이식 자전거를 이용한다. 차를 타면 놓칠 수 있는 번화가들의 변화를 눈으로 직접 보기 위해서다. 접이식이어야 술이라도 한잔한 뒤 집에 돌아오기 편하다.

세련된 여성들이 모이는 핫플레이스도 자주 가본다. 이 근처 동네에 무슨 가게가 새로 입점했는지, 어떤 프렌차이즈인지도 살핀다. 남자들이 많은 곳은 잘 안 간다. 남자들이 핫플레이스에 올 때는 거의 여자 친구가 가자고 할 때다. 물론 모든 남자가 그렇다는 뜻은 아니고 내가 그랬었다. 인스타그램을 보고 찾아왔을 그 사람들의 주요 관심사가 어디인지, 그렇다면 그 동네 부동산의 가격변화는 어떤지, 매물은 나와 있는지 스타벅스와 맥도날드를 입점시킨 건물들을 유심히 지켜본다. 갑자기 스타벅스가 들어와 있는 동네가 있다면, 부동산 어플을 켜서 그 동네의 아파트 가격은 어떤지 찾아본다. 그 아파트에는 초등학교가 몇 미터 앞에 있는지, 엄마들이 이 동네를 좋아하는 이유는 무엇인지, 그렇다면 제일 오래되어 재건축을 앞둔 아파트가 근처에 있는지, 그 아파트 근처에 내일이면 무너질 것 같은 동네가 있는지 본다. 그런 동네면 재개발이 가능할 것 같다는 생각을 남긴다.

물론 이것은 조금 일찍 출발한 후 약속장소에 나타나지 않은 친구를 기다릴 때 하는 생각들이다.

집에 돌아오는 길에 자전거를 타고 한강을 지날 때는 어떤가. 한강변에 즐비한 이 아파트가 언제부터 재건축 공사가 시작되었는지, 그렇다면 그 옆에 있는 아파트도 분명히 재건축 시동을 걸 텐데 어느 단계까지 와있는지, 조합원 설립은 되어 있는지, 다시 부동산 어플을 켜서 가격을 본다. 이미 고점을 찍고 있는 상황을 보며 난 왜 이것을 먼저 알아내지 못했는지에 대해 생각한다.

이 이야기들은 거의 내가 한 달 안에 거리를 스쳐 지나가며 한 생각들이다.

정말 그냥 생각나는 대로 열거해 보았다. 나에게 이런 질문을 할 수도 있다. 그렇게 생각하다간 머리가 터지지 않겠냐고. 정확하게 그 반대다. 너무나도 행복한 생각이다. 나에게는 이런 잔심이 행복하다. 이런 관심이 있으니 난 그 어떤 상대방과의 대화에서도 낙오될 일이 없다.

잔심을 남긴다는 것은
세상에 관심을 둔다는 말과 일맥상통한다.
세상사 돈이 되는 모든 것들과
머릿속 뉴런 세포 하나하나를
약하지만 끈끈하게 연결시켜 놓는 것이다.
언제든 켜질 수 있게
또 언제든 받아들일 수 있게 말이다.

그래서 나는 누군가가 어떠한 투자 주제로든 대화를 시도하려 할 때, 그들의 대화에서 뒤처진 일이 거의 없다. 무슨 대화가 됐든, 무슨 단어가 됐든, 대화를 이어나갈 자신이 있다. 그들이 말하는 거의 모든 투자 주제가 나의 투자의 잔심 안에 녹아들어 있으니 말이

비겁한 돈

다. 이 모든 것이 잔심의 영향이다.

잔심의 또 다른 효과는 상대방과의 대화가 즐거워진다는 것이다. 관심을 갖고 나의 상황에 무조건적으로 대입했기 때문에 가능한 일이다. 지금까지 그랬고 앞으로도 마찬가지일 것이다.

이렇듯 투자를 쉴 때도 끊임없이 내가 만나는 세상과 내가 맞이할 비겁한 돈을 가느다란 실로 연결해놓으려는 노력이 잔심이다. 잔심은 자신의 모든 경험들을 비겁한 돈을 만나는 계기로 활용할 수 있게 한다. 당신도 이 경험을 꼭 자신의 것으로 만들어보기를 권한다.

5.

결국 쉬면서
해야 하는 한 가지는
질문이다

이 책의 공저자와 '질문'을 주제로 이야기를 나눈 일이 있다. 공저자는 어떠한 질문을 하느냐가 어떠한 답을 찾는가를 결정하고, 어떠한 답을 찾느냐에 따라 많은 것들이 달라진다고 말했다. 같은 질문처럼 보이지만 방향이 약간만 틀어져도 그 결과는 엄청나게 달라진다는 말과 함께 말이다.

가령 가뭄이 들어 농작물이 말라가는 상황에서 '왜 비가 오지 않지?'라는 질문과 '왜 논에 물이 없지?'라는 질문은 얼핏 비슷해 보인다. 하지만 전자에 대한 답은 기우제를 지내는 게 될 것이고, 후자의 답은 수로 시설을 개량해 먼 곳의 물을 퍼오는 일이 될 것이다. 만약 '왜 작물은 물이 꼭 필요하지?'라는 질문을 던진다면, 적은

물로도 성장할 수 있는 개량종을 개발하게 될 수도 있다.

사는 것도 이와 다르지 않다. 삶의 방향을 결정하는 것은 결국 질문이다. 어떠한 질문을 던지느냐는 결국 어떠한 삶을 사느냐로 귀결된다.

오늘의 나는 결국 어제까지 내가 던진 질문들의 답이다.

쉬면서 내가 했던 행동들은 참 다양하다. 참 많은 경험들을 했다고 생각했는데, 돌아보니 쉬면서 했던 것은 결국 나의 다음을 위해 스스로 '질문'을 만드는 일이었다. 나는 끊임없이 모든 것에 대해 자문했고, 또한 쉬지 않고 모든 것에 자답했다.

인간이 문명을 만든 것은 호기심이 다른 동물들보다 압도적으로 뛰어나서라고 한다. 질문은 호기심이 있어야 가능한 영역이다. 쉬면서 나는 앞으로의 내 삶에 무한한 호기심을 부여했고, 그 결과 내 삶을 결정짓는 수많은 질문들을 만들 수 있었다. 결국 질문은 내가 살면서 가장 잘한 일인 '멈추고 쉬는 행위' 속에서 가장 많이 했던 행동이었다.

호기심은 치열함 속에서는 나오기 어렵다. 당장 눈앞의 일이 급할 때 상상이 쉽게 자리 잡지 못하는 것처럼 말이다. 스스로에게 시간을 허락할 때 비로소 호기심이 나를 찾아온다. 사람이기에 가질 수 있는 이 능력은 자신의 의지로 긴 쉼을 선택했을 때 제대로 발휘된다.

대부분의 사람들은 쉼을 전략적이고 주도적으로 선택하지 못한다. 쉰다기보다는 버티기 위해 내려놓는 수준에 머무른다. 일상에 지쳐, 노동에 치여, 생계에 눌려 하루하루를 보내다 맞는 휴일은 진짜 쉼이 아니다. 그저 다음 날 해야 할 노동을 위해 잠시 풀어지는 것에 불과하다.

이 짧은 시간에 자신의 삶과 내일을 바꿀 수많은 호기심과 질문을 만드는 것은 사실상 불가능하다. 혹 어떤 이는 짧은 시간에 위대한 호기심을 가질 수도 있겠지만, 나는 그런 뛰어난 사람은 아니었다.

그러니 충분히 쉬면서, 내 안에 아무런 급한 용무도 들이지 않은 채로, 호기심을 초대했다. 그렇게 질문에 답해나가는 과정을 통해서 내일을 설계하는 것이 내겐 무엇보다 필요했다.

산다는 것은 살아남는 것에서 살아가는 것을 넘어 살아 남기는 것이라는 말을 들어본 적이 있다. 하루하루에 치여 살다 보면 오직 살아남는 것에 집중하게 된다. 어느 정도 생존의 안정권에 들어서면 사람은 살아가게 된다. 크게 불안하지 않고, 당장 아무 생각하지 않고 열심히 몸만 움직여도 먹고 살 수 있는 수준이 이 지점이다. 많은 이들이 여기에 매몰되어 있다.

살아남는 것에 처절함이 붙는다면, 살아가는 것에는 안락함이란 이름의 나태함이 붙는다.
이 나태함을 끊어내고 인류가 문명을 이룩했듯, 자신을 세우기 위해서는 살아남기는 삶으로 변화해야 한다.
'내가 무엇을 남길 것인가.'
'나는 어떠한 것을 남길 것인가.'
살아 남기기 위해서 결국 우리는 '질문하는 인간'이 되어야 한다.
쉼을 통해 시간을 허락받았을 때 해야 하는 가장 가치 있는 행동이 무엇인지 묻는다면, 나는 주저 없이 '질문을 시작하라'고 말하고 싶다.

자신에 대해 질문하면 자기를 알아갈 것이다.
돈에 대해 질문하면 투자를 알아갈 것이다.
이어서 '어떻게'라는 질문을 더하면
당신만의 투자 계획을 세울 수 있을 것이다.
이에 더해서 마지막으로 삶에 대해 질문하면
투자 이후 자신의 삶이 조금씩 그려질 것이다.

나는 쉬는 동안 던졌던 질문을 통해 오늘의 나라는 인생의 답을 찾았다. 마지막에서야 하는 말이지만 두려움도 컸다. 그동안 15년을 넘게 몸담았던 공개코미디의 판이 없어지고 있다는 사실이 두려웠다. 개그맨으로서 설 자리를 점점 잃어간다는 것, 계속해서 떨어지는 인기를 몸으로 매일 체감한다는 것이 두려웠다. 계속해서 실직을 경험하고 있다는 것이 두려웠다. 아내는 회사를 그만두고 아이는 점점 빠르게 커가는데 가족의 생계를 혼자 책임져야 한다는 것이 두려웠다. 점점 연세가 많아지시는 부모님의 건강을 돌봐드릴 수 있을지 두려웠다. 하지만 만약 이런 두려움에 매몰되어 세상을 한탄하고 있었다면 난 아무것도 하지 못했을 것이다.

이런 부담감이 오히려 나를 돌아보는 시간이 되었고, 그 부담을 이겨내기 위해 나에 대해 지속적으로 질문을 던졌다.

지금 책을 쓰는 이 시간에도 나는 끝없이 나에게 질문한다. 나의 쉼과 호기심은 아직도 진행형이다. 당신도 어렵게 결정한 쉼이라는 행위를 통해 당신다운 질문을 만들 수 있기를 희망한다.

무엇보다 이 책을 관통하고 있는 또 하나의 주제를 알아주길 바란다. 바로 당신다움이다. 나는 현재의 삶에 무척 만족한다. 나답기 때문이다. 앞으로의 내 삶이 어떻게 흘러갈지 모르겠지만, 그것 역시 나다울 것이라 확신한다. 많은 돈을 벌어서가 아니다. 모든 것을 결국 내가 결정하고 내가 선택했기 때문이다. 누군가의 조언이 보탬이 된 적은 있었지만, 그것이 전부가 된 적은 없었다.

그런 의미에서 이 책 역시 당신 스스로의 선택에 작은 보탬이 되기를 희망한다. 그리고 당신이 결국 당신다움을 스스로 완성해나가길 기대한다.

이 책을 읽은 것도 당신의 선택이다.
만약 쉼을 선택한다면 그것 역시 당신의 선택이다.
쉬는 동안 당신이 스스로에게 질문한다면,
그 질문으로 앞으로의 방향을 정했다면,
그것 역시 당신의 선택이다.
그렇게 비겁한 돈의 지점을 발견하고
그 지점에 당신의 확신을 넣고
기다리고, 마침내 시작한다면
그것 역시 당신의 선택이다.

모든 것은 열려 있다.
많은 것이 아직 시작되지 않았다.
당신의 선택만이 남았다.
그 선택이 만들 당신다움만이 남았다.

비겁한 돈

투자로 시작한 내 이야기의 마지막이

당신만의 쉼이라는 시작으로 새롭게 이어지기를 희망한다.

오늘도 나는 내 삶을 응원한다.

이제부터 당신의 내일까지 함께 응원하겠다.

아프리카
어느 할머니의 말이
당신에게 전해지길
바라는 마음으로

"누구도 버린다고 말하지 않는단다.
다만 사용한다고 말할 뿐이지."

아프리카를 여행하면서 들은 말이다. 계획에 없던 사고로 예정
에 없던 아프리카의 한 작은 나라에 도착했을 때, 기대에 없던 호
의를 베풀며 자신의 집 방 한 칸을 낯선 아시아인에게 기꺼이 내어
주던 할머니 한 분을 만났을 때다.

먼 타국에서 그리운 옛 한국이라 착각할 만큼 넘치는 정을 보여
줬던 그 할머니가 문득 내게 물었다.

"네가 타고 온 저 자동차는 무엇으로 움직이니?"

"당연히 기름으로 움직이지요."

내 대답에 할머니가 말했다.

"자동차를 움직이려면 기름을 사용해야 하지. 그 순간에는 어떤 사람도 기름을 버린다고 생각하지 않는단다. 그저 기름을 '사용한다'고 생각하지. 눈앞에 있는 기름이야 없어지겠지만, 그렇기 때문에 자동차는 앞으로 나갈 수 있는 거란다. 만약 기름이 없어지는 것을 겁내면 자동차는 결코 앞으로 나갈 수 없단다. 그런데 많은 사람들이 자동차가 움직이며 앞으로 나아가는 것을 보는 게 아니라, 기름이 없어지는 것만 보며 안타까워하곤 한단다. 자기 손에 있는 것들을 놓지 못하는 거지. 언젠간 네가 손에 쥐고 있는 무언가를 놓아야 하는 순간이 온다면, 오늘 타고 온 자동차를 생각하렴. 너는 무언가를 포기하는 것이 아니라, 그것을 놓음으로써 더 멀리 나갈 수 있는 자격을 얻은 걸지도 몰라."

이후에 삶을 살아오면서, 나는 할머니가 말했던 그 상황을 수없이 경험했다. 손에 있는 무언가를 놓아야 하는 순간 말이다. 그 무언가의 이름은 때론 기회였고, 관계였고, 돈이었고 그리고 가끔은 욕심이었다.

놓으면 놓쳐버릴까, 놓쳐버리면 다시는 갖지 못할까 두려웠던 것들을 내려놓는 데 할머니의 말이 많은 도움을 주었다. 나는 놓치는 것이 아니라, 이것을 놓음으로써 앞으로 더 나아갈 수 있는 거라고 스스로를 다잡았다. 결과적으로 대부분은 할머니의 말이 옳았다.

요즘을 보고 있자면 억울함이 넘치는 시대다. 이러나저러나 모두가 각자의 사정으로 억울하다. 묵묵히 열심히 공부하려니 학벌의 대물림이 억울하고, 묵묵히 열심히 일하려니 '벼락거지'라는 말에 억울하고, 공들여 장사를 시작했더니 끝나지 않는 코로나 시대가 억울하기만 하다. 소주잔의 절반은 울분을 채워 들이붓는 시대이고, 세상에 내던진 채 어떻게든 살아내야 하는 일이 힘겨운 요즘이다.

그렇기에 우리 시대에 돈은, 사람들이 어떻게든 손에 붙들고 추구해야 하는 대상이 되었다. 어떻게든 지금의 상황을 반전시켜줄 기회를 잡기 위해 애쓰지 않으면 안 되는 시대가 되었다. 처절하게 기회를 잡으려 노력하고, 남들이 모르는 투자 정보를 더 많이 알기 위해 많은 시간을 쏟는다.

정보가 넘쳐나는 시대임에도 역설적으로, 고급 정보라는 파랑새를 얻기 위해 지불해야 하는 비용은 오히려 늘었다. 그저 멀뚱히 자고 일어났는데 돈을 잃는 시대라고 생각하니, 묵묵히 일만 열심히 했는데 거지가 되는 시대라 생각하니, 더욱 눈에 불을 켜고 달려드는 것이다. 지나치게 우울해진 시대에, 우리는 지나치게 처절하기까지 하다.

이 책이 그런 여러분을 위한 작은 쉼표가 될 수 있었으면 좋겠다. 내가 아프리카에서 들었던 그 할머니의 말과 같은 다독임이 되었으면 좋겠다. 투자를 위해 잠시 멈추라는 말이 지금껏 쏟았던 소중한 시간을 버리는 행위가 아니라, 진짜 원했던 부로 나아가기 위해 쉼을 사용하는 행위라고 생각하는 계기가 되었으면 좋겠다. 시간을 버리는 것이 아니라, 기회를 잡기 위해 가장 필요한 인내를 배워가는 시간이라고 생각하면 좋겠다. 나는 그런 마음으로 이번 책을 집필했다.

화자의 사족이 많으면 청자가 떠나는 법이다. 하고 싶은 수만 가지 말은 우리가 다시 만났을 때 나눌 대화에서 풀어보길 기대하며 이 책의 마침표를 찍으려 한다. 현희 형과는 오늘 진탕 마실 예정이다. 내일을 위해, 오늘을 내려놓는다는 마음으로. 오늘의 내려놓음이 더 단단한 내일의 발판이 되길 바라는 마음으로.